Allegria

## Die Autorin

Alice Funk wurde 1942 in Yokohama, Japan, geboren, lebt in der Schweiz und ist Mutter von zwei erwachsenen Kindern. Nachdem sie sich mehrere Jahre in der kommunalen Politik und im Gesundheitswesen engagiert hatte, stieß sie auf die faszinierende Technik der Handanalyse. Nach einer zweijährigen Ausbildung in Richard Ungers „International Institute of Hand Analysis" ist Alice Funk zertifizierte Handanalystin IIHA. Sie gibt Kurse und Einzelberatungen und erstellt fundierte Persönlichkeitsanalysen.

Alice Funk

# Handanalyse

## Ein Wegweiser bei wichtigen Lebensentscheidungen

Ullstein

Besuchen Sie uns im Internet:
www.ullstein-taschenbuch.de

Allegria im Ullstein Taschenbuch

FSC
www.fsc.org
MIX
Papier aus verantwortungsvollen Quellen
FSC® C014496

Ullstein Taschenbuch ist ein Verlag
der Ullstein Buchverlage GmbH, Berlin.
Neuausgabe im Ullstein Taschenbuch
1. Auflage Juli 2013

Umschlaggestaltung: FranklDesign, München
Umschlagillustration: Fotolia / antoshkaforever
Satz: Nikolaus Hodina, München
Gesetzt aus der Stempel Garamond
Papier: Pamo Super von Arctic Paper Mochenwangen GmbH
Druck und Bindearbeiten: GGP Media GmbH, Pößneck
Printed in Germany
ISBN 978-3-548-74392-9

# Inhalt

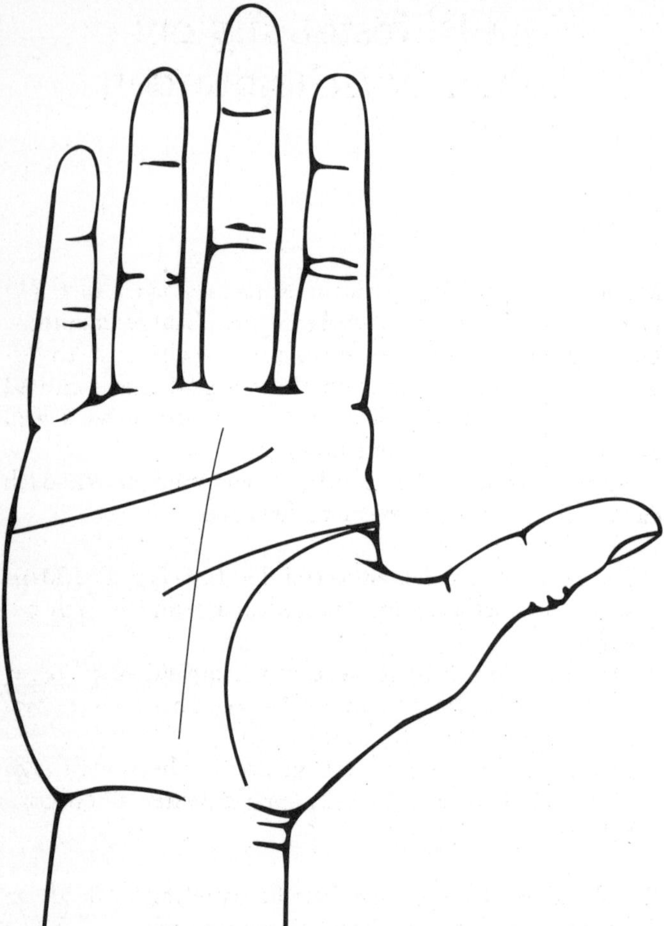

# Die Handanalyse als Hilfestellung bei Lebensentscheidungen

Meine erste eigenständige Entscheidung traf ich, als ich drei Jahre alt war: Ich kletterte wieder in mein Laufgitter zurück. Um mich herum tobten zwei ausgelassene ältere Geschwister, der Hund bellte und meine Mutter griff energisch und bestimmt durch. Mein Vater war in der Arbeit. Sicher schien es mir nur in der Mitte des Laufgitters.

Wenn ich in meine Hände schaue, wird mir klar, wieso ich damals diese Entscheidung getroffen habe.

- Die Form meiner Hände verrät den Erd-Typ. Erd-Menschen sind schweigsam, zurückhaltend und in sich gekehrt.
- Mein Mittelfinger ist gerade und gleichmäßig, was bedeutet, dass ich Sicherheit brauche. Er zeigt aber auch an, dass ich gerne regelkonform handle.
- Meine Herzlinie ist kurz und gerade, das heißt, dass es in meinen Beziehungen Rückzugsmöglichkeiten für mich geben muss.

Das kreative Chaos meiner Familie hatte mich damals an die Grenzen meines Durchhaltevermögens gebracht, und so suchte ich Sicherheit, Geborgenheit und Alleinsein im Laufgitter.

Meine Schwester schilderte mir dieses Ereignis Jahrzehnte später aus ihrer Sicht. Sie sah mich als braves, gehorsames Kind, das sich dem Willen der Mutter untergeordnet hatte, denn ich hätte eigentlich gar nicht erst hinausklettern sollen.

Instinktiv hatte ich meine Stärken und Schwächen und Bedürfnisse erfasst. Ich war selbständig und stark genug, um aus dem Laufgitter hinauszuklettern, doch nicht sehr risikofreudig. Ich wollte die Sicherheit des Gitters um mich herum, das mich zwar einengte, aber auch den Vorteil hatte, dass es die anderen nicht hereinließ. Und nicht zuletzt wollte ich meiner Mutter gehorchen.

Meine Schwester ist nicht wie ich. Doch auch sie kennt ihre Stärken und Schwächen. Sie hätte ebenfalls die Chancen und Risiken abgeschätzt, aber sie hätte anders entschieden.

So gilt es, bei allen Entscheidungen sowohl sich selbst mit seinen Stärken und Schwächen, als auch sein Umfeld und die damit verbundenen Chancen und Risiken mit in die Entscheidung einzubeziehen.

Im Laufe der Jahre wurde ich risikofreudiger, und ich stellte fest, dass das Leben aus einer sich ständig fortsetzenden Reihe von Entscheidungen besteht. Kleinere und größere und ganz große. Anfangs nahmen mir meine Eltern die größeren Entscheidungen ab, nur die »kleineren« durfte ich selber treffen. Das war ein gutes Lernfeld, um eine Art Leitfaden zur Entscheidungsfindung zu entwickeln.

Noch nicht gefällte Entscheidungen bedeuten Stress. Es ist nicht die Menge der Arbeit noch die Schwierigkeit der unerledigten Aufgabe, die Stress bedeuten, sondern die Notwendigkeit, immer neue Entscheidungen zu treffen. Manche Menschen bewältigen diesen Stress mit Leichtigkeit, andere drohen an ihm zu zerbrechen.

Manchmal greift man auf Hilfsmittel zurück, um Entscheidungen zu treffen. Da gibt es den Würfel, auf dem Antworten stehen: Ja, Nein, Ich weiß nicht, Immer, Nie, Vielleicht. Oder auch die Münze, die man in die Luft werfen kann. Es gibt Tarot-Karten, Astrologie, Wahrsagerinnen, die Kristallkugel. Alle können eine Hilfe sein, eine Entscheidung zu treffen. Denn im Moment, wo die Antwort erscheint, weiß man intuitiv, welche Entscheidung einem zu diesem Zeitpunkt am richtigsten erscheint.

Wenn Sie aber Ihre Entscheidungen nicht nur instinktiv fällen möchten, sondern sie in einen Rahmen stellen, als Stationen auf dem Weg zu Ihrem Ziel, dann sollten Sie mehr über sich selbst wissen, über Ihre Anlagen, Ihre Neigungen und Ihre Begabungen sowie über Ihre Herausforderungen und Schwächen. Die Wahl des richtigen Weges fällt Ihnen um ein Vielfaches leichter, wenn Sie sich kennen. Sie sollten aber auch analysieren, welche Chancen Ihnen das Leben bietet und wo Gefahren und Risiken auf Sie lauern. Wenn Ihnen diese Erkenntnisse geläufig sind, können Sie Ihr Handeln danach ausrichten.

Die Handanalyse dient dazu, Einsichten über sich selbst und die eigenen Möglichkeiten zu vertiefen. Sie soll helfen, dass Sie sich selber besser kennen lernen, um dadurch fundiertere Grundlagen für Ihre Lebensentscheidungen zur »Hand« zu haben. Schon mit Hilfe weniger Kenntnisse der Handformen und -linien, der Fingerstärken und -abschnitte sind Sie in der Lage, in einer Selbstanalyse mehr über sich zu erfahren. Je mehr Sie über sich wissen, desto besser werden die Grundlagen für Ihre Entscheidungen sein.

Dieses Buch bietet Ihnen wichtige Elemente an, die Ihnen bei Ihrer Entscheidungsfindung helfen können. Ihre Entscheidungen müssen Sie jedoch selber treffen, die Chancen und Risiken auch selber analysieren. Die Hinweise zu Ihrer Persönlichkeit, die ich Ihnen vermittle, können nur schematisch sein. Sie selber sollten für sich alle Faktoren zu einem Ganzen zusammenfügen und dabei gewisse Unzulänglichkeiten und Widersprüchlichkeiten akzeptieren. Was dies konkret in Ihrem Fall bedeutet, sollten Sie für sich selber herausfinden und auch die Verantwortung dafür tragen. Persönlichkeiten sind vielschichtig und komplex. Es gehört zur menschlichen Entwicklung, dass man Fehler macht, Fehlentscheidungen trifft, oder auch Entscheidungen, die anfangs wie Fehlentscheidungen aussehen, sich später aber als Glücksfall erweisen.

Was macht die Leichtigkeit aus, mit der manche Menschen Alternativen abwägen und zu einer sicheren Antwort über den einzuschlagenden Weg gelangen? Erfahrung, Selbstsicherheit, Selbstwertgefühl, Vertrauen, Gelassenheit, sicher, aber auch eine Systematik in der Entscheidungsfindung.

Zu den wichtigen Entscheidungen, die Sie im Laufe Ihres Lebens treffen müssen, gehören zum Beispiel Entscheidungen bezüglich der Schule, des Berufs, einer Beziehung, des Wohnorts, der Freizeitgestaltung und Gesundheit. Folgende Fragen sollten geklärt werden, bevor Sie eine Entscheidung treffen können:

- Persönlich: Sie sollten Ihre Stärken und Schwächen kennen.
- Umfeld: Sie sollten Ihre Chancen und Ihre Risiken abwägen.

Dazu brauchen Sie möglichst viele Informationen, aber nur Sie allein sind wirklich in der Lage, alle notwendigen Hinweise durchzudenken, einander gegenüberzustellen und abzuwägen. Ratschläge von außen nützen meistens nichts, weil andere Menschen kaum alle Daten zur Verfügung haben.

Eine der wichtigsten Voraussetzungen zur Entscheidungsfindung ist eine klare Formulierung des Ziels. Was wollen Sie erreichen? Die Beschreibung des Ziels sollte positiv formuliert werden. Sie soll möglichst konkret, anschaulich und eindeutig, und von keiner anderen Person abhängig sein. »Ich will ein erfolgreicher Ingenieur werden.« »Ich will die Stelle als Regionalleiter in Hongkong haben.« »Ich will heiraten und eine Familie gründen.« »Ich will malen.« Ihre Hände werden Ihnen zeigen, ob Ihr Ziel zu Ihren Stärken passt, und wo die Gefahrenquellen liegen könnten.

Haben Sie Ihr Ziel formuliert, entwickeln Sie Strategien, wie Sie dieses Ziel erreichen möchten und welche Maßnahmen Sie dazu treffen müssen, damit Sie es auch umsetzen können.

Wenn Sie einmal alle Denkarbeit geleistet haben und Ihr Ziel klar vor sich sehen, können Sie sich zurücklehnen und Ihr Gefühl und Ihre Intuition ins Spiel bringen. Sie sollten sich die Zeit nehmen, ruhig und entspannt am Fluss des Lebens zu sitzen und in stiller Aufmerksamkeit auf die Chancen zu schauen, die an Ihnen vorbeifließen. Setzen Sie sich in Ihrem geistigen Auge unter einen imaginären Baum, auf dickes Gras. Sie sollten bequem sitzen und gleichzeitig festen Grund unter den Füßen haben. Alle Arten von Möglichkeiten werden nun an Ihnen vorüberziehen. Greifen Sie sich einige heraus, prüfen Sie, ob sie die richtigen sein könnten, versuchen Sie das Eine oder das Andere, und verlieren Sie dabei Ihr Ziel nie aus den Augen.

Das Richtige kommt dann, wenn Sie sich durch viel Gedankenarbeit darauf vorbereitet haben. Wenn Sie einmal wissen, in welche Richtung das Leben Sie führen soll, dann wird Sie »Meister Zufall« auf den richtigen Weg lenken. Vielleicht brauchen Sie verschiedene Anläufe, Ihren Weg zu finden. Aber mit dem richtigen Hintergrund können Sie sich auf Ihre Erfahrung und Ihren Instinkt verlassen, die Ihnen Ihren Weg weisen werden.

## Die Handanalyse

Die Handanalyse gehört zu den ältesten Wissenschaften der Menschheit. Erste Erwähnungen findet man vor 5000 Jahren in Indien, China und dem Nahen Osten. Auch Aristoteles (384–322 v.Chr.) bezeichnete sie als »uralte Wissenschaft«, und er war maßgeblich daran beteiligt, das wahrsagerische Handlesen zur medizinischen Handanalyse weiterzuentwickeln. Alexander der Große und Julius Cäsar beschäftigten sich mit ihr, und im Mittelalter gehörte sie sogar zu den Studiengängen an den Universitäten. Das Interesse an der Handanalyse ist bis heute ungebrochen. Sie ist keine messbare Naturwissenschaft, die in wissenschaftlichen Experimenten ergründet werden kann. Was aber während Jahrtausenden entwickelt und erforscht wurde, kann kaum als Fantasie oder Zauberei abgetan werden, sondern gründet in den Erfahrungen unzähliger Menschen.

C.G. Jung befasste sich im Rahmen seiner Forschungen mit der Chirologie. Jung nahm persönlich an Beratungen von Julius Spier, einem seiner Studenten, teil und kam zu folgendem Urteil: »Ich habe Herrn Julius Spier mehrfach an der Arbeit gesehen, und ich muss gestehen, dass ich von seinen Resultaten nachhaltig beeindruckt war.« Jung schrieb in einem Vorwort zu Julius Spiers Buch über die Hände von Kindern: »Die durch ein beinahe unabsehbares Beweismaterial gestützte Ganzheitsauffassung der modernen Biologie lässt es keineswegs als von vornherein ausgeschlossen erscheinen, dass die *Hände*, jene der Psyche so innig verbundenen Organe, in ihrer Gestalt und Funktionsweise nicht eben gerade auch sprechende und daher verstehbare Aspekte psychischer Eigenart, das heißt des Charakters, sind.« Der Schlusssatz dieses Geleitwortes lautet: »Spiers Chirologie ist ein wichtiger Beitrag zur Charakterforschung im weitesten Sinne.«[1]

Da keine zwei Hände genau gleich und daher so individuell wie die Menschen sind, denen sie gehören, ist es gut vorstellbar, dass sie Persönlichkeitsaspekte widerspiegeln. Es ist sogar keine rechte Hand genau gleich wie eine linke. Wegen Ähnlichkeiten einzelner Linien oder Formen können sie in Typen und Gruppen eingeteilt werden, aber sie gehören immer nur einem Menschen. Sie sind eine Kombination von Anlagen und Erworbenem. Gewiss werden Menschen mit einer Grundform der Hände und mit einigen schwer veränderbaren Linien geboren, aber die anderen wachsen erst mit den Jahren oder verschwinden wieder, so wie Menschen sich in ihrer Persönlichkeit verändern und entwickeln. Handlinien und Handausdruck verändern sich laufend, parallel zur gefühlsmäßigen, geistigen und körperlichen Entwicklung eines Menschen. Veränderungen an den Hauptlinien bedeuten immer einschneidende Ereignisse, während Nebenlinien schneller und kurzfristiger entstehen und wieder verschwin-

1 Gesamtwerk von Carl Gustav Jung, Band XVIII, §1818ff, Geleitwort zu Julius Spier, »The Hands of Children«

den. Ein Beispiel hierfür finden Sie im Kapitel »Konstanten und Veränderungen«.

Nicht nur die Linien wandeln sich, auch die Finger formen sich um. Ein Finger kann wachsen oder kürzer werden, dicker oder dünner, prominenter oder unscheinbarer. Die Länge, Breite, Form der einzelnen Abschnitte der Finger verändern sich mit dem Wandel Ihrer Lebensumstände und Ihrer Einstellung zu ihnen. Einzig die Leistenhaut (Dermatoglyphen), die Rillen in Ihrer Hand, und im Besonderen die Fingerabdrücke ändern sich nie und bleiben von der 16. Schwangerschaftswoche bis an das Lebensende dieselben. Aus diesem Grunde ist auch die Identifikation eines Individuums durch den Fingerabdruck eine weltweit anerkannte und wissenschaftlich abgesicherte Methode.

In diesem Buch wird nur die Hand des erwachsenen Menschen behandelt. Kinderhände sind zwar unglaublich aussagekräftig, spiegeln aber oft nicht nur ihre eigenen, sondern auch die Themen ihrer Eltern wider. Nur ein pädagogisch erfahrener und kinderpsychologisch geschulter Handanalyst kann eine Kinderhand so interpretieren, dass das Kind nicht von Anfang an in Bahnen gelenkt wird, die ihm nicht entsprechen. Zum Beispiel kann eine Kinderhand aussagen, dass das Kind kreativ ist. Kreativität ist aber ein sehr weiter Begriff. Das Kind könnte musikalisch begabt sein und Klavier spielen lernen. Es könnte aber durchaus auch Kunstmaler, Landschaftsgärtner oder Mode-Designer werden. Die Möglichkeiten sind unendlich, darum darf der Rahmen nicht zu eng gesteckt werden. Aufgrund meiner Erfahrungen bin ich zu dem Schluss gekommen, dass das Kind sein Leben erst einmal leben und aus den Erfahrungen lernen soll. Ich analysiere keine Kinderhände, aber es gibt Handanalysten, die dies mit Seriosität und viel Einfühlungsvermögen machen können.

Jeder Teil des Körpers ist mit jedem anderen Teil verbunden. Viele kennen diesen Zusammenhang aus der Fußreflexzonenmassage. Dasselbe Prinzip finden Sie auch in den Händen. In den Händen enden Millionen kleiner Nerven, die mit dem Gehirn verbunden sind. Gefühle, Gedanken, Handlungen sind durch diese Nerven mit den Händen verbunden. Wenn Sie nun immer wieder in derselben Art fühlen und denken, furchen sich mit der Zeit Wege in Ihre Hände. Diese Handlinien sind das Resultat von Vorgängen im Zentralnervensystem. Linien entstehen also nicht durch Bewegung, sondern sie sind Reaktionen des Gehirns, die sich auf diese Art und Weise abbilden. Wenn ein Mann einmal durch ein blühendes Kornfeld geht, stellt sich das Korn wieder auf, wenn er aber zehnmal am Tag während hundert Tagen denselben Weg durch das Kornfeld nimmt, trampelt er mit der Zeit das Korn nieder, und es entsteht ein Weg. So ist es auch mit den Linien in Ihrer Hand.

Die Handanalyse ist eine auf Erfahrungen und Forschungsarbeiten basierende Lebenshilfe. Sie unterscheidet sich grundlegend vom wahrsagerischen Handlesen darin, dass die Zukunft nicht vorausgesagt werden kann. Nach Auffassung seriöser Handanalysten sind keine Prognosen denkbar, aber es ist möglich, die Eignung eines Menschen mit in seine Lebensentscheidungen einzubeziehen. Der Mensch ist frei in seinen Entscheidungen. Da der Handanalyst für die Zukunft nicht wissen kann, welche Entscheidungen sein Klient treffen wird, kann er auch nicht projizieren, wo er in zehn Jahren stehen wird.

Für die Handanalyse brauchen Sie nicht über übernatürliche Kräfte zu verfügen. Die Regeln der Handanalyse können erlernt werden. Sie sind einheitlich und teilen Handformen, Linien, usw. in Gruppen und Typen ein. Die Kunst der Handanalyse ist es dann, die einzelnen Aspekte zu einem sinnvollen Ganzen zusammenzufügen, in dem der Analysierte seine Persönlichkeit erkennt und Impulse zu seiner weiteren Persönlichkeitsentwicklung bekommt.

»Gute« und »schlechte« Eigenschaften gibt es nicht. Es gibt Begabungen und Herausforderungen, die in den Händen klar erkennbar sind. Wenn Sie Herausforderungen in Ihren Händen orten, sollten Sie sie als Gelegenheiten wahrnehmen. Die Herausforderungen in Ihrem Leben sind es, die Sie zum Menschen machen, der auf dieser Welt um Glück und Zufriedenheit ringt. Ein Mensch, der mit einer großen Herausforderung umzugehen lernt, hat im Leben mehr gelernt als einer, der nie mit einer solchen Herausforderung kämpfen musste. Kinder, denen das Lernen leicht gefallen ist, die immer zu den Klassenbesten zählten, haben oft nicht gelernt, sich anzustrengen und Frustrationen auszuhalten. Diese Erfahrung fehlt ihnen dann später im Erwachsenenleben, und sie müssen erst lernen, ihre Begabungen praktisch umzusetzen, und durchzuhalten, auch wenn Widrigkeiten auftreten.

Die in den folgenden Kapiteln formulierten Eigenschaften haben ihre positiven und negativen Seiten. Eine Eigenschaft, die als Stärke betrachtet wird, kann im Extremfall zu einer Schwäche werden. So kann Eigenständigkeit in Eigenwilligkeit kippen. Wenn Sie gerne in einem Team arbeiten, gibt es vielleicht Menschen, die meinen, Sie seien unselbständig. Sind Sie konsequent in der Arbeit und in der Erziehung, kann man Sie zuweilen auch hart nennen.

Ein Handanalyst kann nicht aufgrund Ihrer Hand erkennen, an welchem Punkt Sie in Ihrer Persönlichkeitsentwicklung stehen. Dies kann er zusammen mit Ihnen in einem persönlichen Gespräch herausfinden, oder Sie sollten versuchen, die Frage für sich selbst zu beantworten. Sie werden feststellen, dass Sie in manchen Dingen bereits Meisterstufe erreicht haben, in anderen wiederum in der ersten Klasse sind. Sie werden auch erfahren, dass Sie manchmal Meister sind, an anderen Tagen aber in derselben Sache wieder als Student zur Schule gehen müssen. Das Ziel ist, dieses Auf und Ab des Lebens gelassen zu beobachten, sich selbst dabei gern zu haben, und wie ein guter Sporttrainer wieder auf die Beine zu helfen, wenn Sie einmal mehr gestrauchelt sind.

Sie werden feststellen, dass manche Zeichen in Ihrer Hand sich klar widersprechen. Das Leben besteht aus Widersprüchlichkeiten und Gegensätzen. So sind auch Sie ein Wesen mit vielen Schichten und Zwiespältigkeiten. Sie können zum Beispiel gleichzeitig ordentlich und unordentlich sein, im Grunde Ihrer Seele schüchtern, aber doch gerne im Mittelpunkt stehen, oder nach Sicherheit suchen und im selben Augenblick abenteuerlustig und neugierig sein. An manchen Tagen könnten Sie Bäume ausreißen, an anderen Tagen möchten Sie die Decke über den Kopf ziehen und den ganzen Tag schlafen. Im Büro sind Sie ordentlich, zu Hause finden Sie Ihren Reisepass nicht, weil er noch bei den Reiseprospekten vom letzten Urlaub liegt. Bei Ihrem Partner fühlen Sie sich wie eine Diva, in Gesellschaft wie eine graue Maus. Sie fahren vorsichtig Auto, bremsen dauernd und würden niemals schneller als erlaubt unterwegs sein, aber wehe, wenn Sie Ihre Skier angeschnallt haben. Dann kann die Schweizer Nationalmannschaft einpacken, denn Sie überholen alles, was sich bewegt.

Diese Ungereimtheiten spiegeln sich in Ihren Händen wider. Sie sollten immer versuchen, das ganze Bild zu sehen und die Ambivalenzen anzunehmen. Wenn Sie eine Selbstanalyse Ihrer Hände machen, sollten Sie akzeptieren, dass Ihnen nicht alle Aspekte sofort klar werden. Deshalb spricht man ja auch von so genannten »blinden Flecken«. Was Sie in Ihren Händen sehen und nicht akzeptieren können, wird zu Ihrem »blinden Fleck« gehören. Er ist das größte Hindernis in Ihrer Entwicklung.

Wenn Sie einen solchen erkannt haben, wissen Sie, dass Sie ihn anpacken und etwas dagegen tun sollten. Aber Sie sind ja vielleicht noch gar nicht bereit dazu. Dann lassen Sie es eben sein. Das Leben wird Ihnen sanft Ihre Lektion erteilen. Was Sie lernen sollten, wird Ihnen immer wieder vorgeführt, von Mal zu Mal eindringlicher. Eines Tages werden Sie es nicht mehr auf die Seite schieben können. Spätestens dann ist der Moment gekommen, einen Schritt auf Ihrem Weg zur Weiterentwicklung zu tun.

Aber lassen Sie sich Zeit. Erinnern Sie sich an Ihre Herausforderungen und an Ihre Begabungen. Versuchen Sie die einzelnen Eigenschaften, die Sie in Ihren Händen erkannt haben, als Ganzes zu sehen und Schritt für Schritt mit ihnen leben zu lernen. Es ist, als ob Sie eine Leiter vor sich haben. Sie werden auf der untersten Sprosse anfangen. Wenn Sie zwei auslassen und bei der dritten beginnen möchten, besteht die Gefahr, dass Sie abstürzen und wieder von vorne beginnen müssen.

Überfordern Sie sich nicht. So wie Sie sich körperlich überfordern können, ist es auch möglich, sich seelisch zu überfordern. Beim Muskeltraining ist es Ihnen klar, dass Sie ein Aufbauprogramm absolvieren sollten. Beim seelischen Training ist es ähnlich. Erwarten Sie nicht zu viel von sich. Nehmen Sie kleine Schritte, trainieren Sie am Anfang nur kurz. Wenn Sie stärker werden, können Sie auch größere Lasten heben.

Wenn es zum Beispiel Ihr Ziel ist, als Autor oder Redner eine Botschaft an ein Publikum weiterzugeben, werden Sie das nicht von heute auf morgen machen können. Üben Sie es in kleinen Schritten, indem Sie zum Beispiel eine Botschaft innerhalb der Familie klar formulieren. »Ich will heute Abend mit einer Freundin ins Kino gehen.« Dann üben Sie es im Freundeskreis: »Ich bin der Ansicht, dass diese Steuerreform gut/schlecht ist, weil ...« Dann schreiben Sie einer Freundin, was Sie bei der Handanalyse bewegt: »Ich finde die Handanalyse eine ganz großartige Sache, weil ich erkannt habe, dass ich am glücklichsten bin, wenn ich meine Meinung zu verschiedenen Dingen klar formulieren kann.« Danach treten Sie einem Verein bei, dann lassen Sie sich in ein öffentliches Amt wählen usw. – bis Sie zuletzt Bücher schreiben oder Bundeskanzler werden.

Wenn Sie sich aber schon morgen als Bundeskanzler wählen lassen möchten, wird es Ihnen nicht gelingen. Sie werden kläglich scheitern und an sich selber zweifeln. Oder doch nicht? Nein, Sie werden nicht an sich zweifeln, denn an meinem übertriebenen Beispiel erkennen Sie klar, wie absurd es wäre, sich ohne Vorübung als Bundeskanzlerkandidat aufstellen zu lassen. Selbst wenn Sie das größte Potenzial hätten, eine neue Botschaft in die Welt zu bringen, müssen Sie nicht Bundeskanzler werden. Es kommt auf andere Faktoren in Ihrer Hand an, ob Ihre Botschaft für Ihre Familie, Ihre Gemeinschaft oder für die Welt bestimmt ist.

Seien Sie manchmal aber auch einfach zufrieden mit dem Erreichten, und streben Sie nicht immer noch mehr an. Manche Menschen sind nicht für große Herausforderungen geboren und sind mit wenig zufrieden. Wenn Ihre Energiequellen schwach sind, wenn Ihr Zeigefinger nicht auf »Erfolg« zeigt, sind Sie unter Umständen in einem Beruf ohne herausragende Zukunftsaussichten zufrieden. Ihr Privatleben dürfte Ihnen genug Herausforderung bieten, oder vielleicht sind Sie auch dort mit wenig Aufregungen glücklich. Lassen Sie sich nicht von der leistungsorientierten Gesellschaft in eine Falle locken, wo Sie dann überfordert sind und niemals zufrieden sein können. Seien Sie gelassen und lieb zu sich selbst, und klopfen Sie sich ab und zu auf die Schulter, und sagen Sie sich, dass Sie das Leben gut meistern und es Ihnen gut geht.

## Zum Umgang mit diesem Buch

### Wie Sie dieses Buch lesen

Am Anfang gebe ich Ihnen eine grundsätzliche Übersicht über die im Titel des Buches angegebenen Themen. Sie erfahren die theoretischen Grundlagen der Handanalyse mit Beispielen aus der Praxis. Anschließend finden Sie konkrete Schritte zu einer ersten Selbstanalyse und das Vorgehen zur Entscheidungsbildung auf der Basis der Handanalyse. Zum Schluss lege ich dar, wo die Grenzen der Selbstanalyse liegen und wie professionelle Handanalysten vorgehen.

Wenn Sie mögen, können Sie den theoretischen Teil zuerst einmal nur überfliegen, damit Sie wissen, was darin behandelt wird und welche Teile und Zeichen der Hand für Sie wichtig sind.

Erschrecken Sie nicht, wenn Sie in einem Abschnitt von Eigenschaften lesen, die Sie selber als negativ empfinden und deren Zeichen Sie in Ihrer Hand wiederfinden. So etwas wie »gute« oder »schlechte« Eigenschaften gibt es gar nicht. Es gibt Begabungen und Herausforderungen, welche Sie als Gelegenheiten wahrnehmen sollten. Wenn Sie einen »blinden Fleck«, eine Ihrer Herausforderungen, erkannt haben, haben Sie den ersten Schritt zu Ihrer persönlichen Weiterentwicklung getan. Dann sind Sie bereits einen Schritt weiter als jemand, der nie mit einer solchen Herausforderung zu tun hatte.

Jede dargestellte Eigenschaft hat ihre positiven und negativen Seiten. Sie wird immer im Zusammenhang mit anderen Faktoren in Ihrer Hand und bezüglich Ihres Umfelds gesehen werden. So können Sie zum Beispiel ein sehr kreativer Mensch sein, wenn Sie aber nicht auch über Willenskraft und Durchhaltevermögen verfügen, wird es Ihnen unter Umständen schwer fallen, Ihre Kreativität umzusetzen. Wenn Sie kreativ sind, aber gleichzeitig eine Familie mit zehn Kindern haben, werden Sie Ihre Kreativität in der Kindererziehung und im Beruf einsetzen und erst später, wenn die Kinder erwachsen sind, Zeit und Muße dazu haben, nach Lust und Laune künstlerische Projekte anzupacken.

Vergessen Sie nicht, dass die Worte »positiv« und »negativ« auch dadurch relativiert werden, weil manche Eigenschaften in einer Situation gut, in einer anderen weniger ankommen. Nehmen wir einmal an, dass Sie die Eigenschaft »konsequent« bei sich entdecken. In einem Synonym-Wörterbuch finden Sie sicher einige Wörter, die ähnliche Eigenschaften aufführen. Danach können Sie mit einem Säugling beständig und geradlinig umgehen, mit einem Teenager resolut, streng und charakterfest, und mit einem Erwachsenen willensstark, zielstrebig und hartnäckig, ohne dabei stur oder hart zu sein. In jedem Falle sind Sie »konsequent«, aber auf verschiedene Arten und der jeweiligen Situation angepasst.

Werten Sie Ihre Erkenntnisse über sich selber nicht. Teilen Sie sie nicht in »gut« und/oder »schlecht« ein. Stellen Sie sie in ein Gesamtbild, und seien Sie fair mit sich selber. Prüfen Sie ehrlich und verantwortungsvoll, ob Sie nicht über Eigenschaften verfügen oder in einem Umfeld stehen, die andere Eigenschaften wiederum relativieren. Wenn Sie manche meiner Aussagen als unpassend oder unzutreffend empfinden, grübeln Sie nicht weiter darüber nach. Vielleicht treffen sie auf Sie nicht zu, oder sie gehören zu Ihrem »blinden Fleck«. Dann hat es keinen Sinn, lange herumzurätseln. Wenn es nötig ist, werden Sie sie in einem anderen Zusammenhang erkennen können, oder vielleicht sind sie für Sie und Ihr Leben auch unwichtig.

In Ihren Händen erkennen Sie nur Ihr Potenzial, Ihre Möglichkeiten und Herausforderungen. Wie weit Sie schon gelernt haben, damit umzugehen, ist nicht aus Ihren Händen ersichtlich. Welche anderen Faktoren wie Fleiß, Energie, das richtige Umfeld eine Rolle spielen, können Sie nur teilweise aus Ihren Händen erkennen.

Die Gewichtung der Faktoren, die Sie in Ihren Händen erkennen und was diese für Sie bedeuten, sollten Sie selber vornehmen, vielleicht in schriftlicher Form. Als Autorin lasse ich Sie nicht gerne allein mit Ihrer Entscheidungsbildung. Wenn Sie Probleme mit den Erkenntnissen haben, die sich Ihnen aus der Analyse Ihrer Hände ergeben, bitte ich Sie, eine Fachperson aufzusuchen. Diese kann Ihnen helfen, für Sie unangenehme Erkenntnisse zu relativieren und in einen Gesamtzusammenhang zu stellen. Gehen Sie vorsichtig mit sich selber und Ihrer Selbstkritik um. Dieses Buch soll Ihnen helfen, mehr Selbstvertrauen zu entwickeln. Es will weder urteilen noch werten, noch Sie dazu anregen, dies zu tun.

Ganz besonders möchte ich davor warnen, die Handanalyse als »Party-Spiel« zu benützen. Ohne Ausbildung und Erfahrung und mit dahingeplapperten oder witzig gemeinten Aussagen können Sie viel Unheil anrichten. Bemerkungen wie: »Wenn du wüsstest, was ich in deinen Händen sehen kann!« oder »Du bist ein soundso Mensch, das sehe ich aus deinen Händen« können andere in Unsicherheit, Angst und Depression stürzen. Nutzen Sie die neu gewonnenen Erkenntnisse umsichtig und fair, sich selbst und anderen gegenüber.

Da es den Rahmen dieses Buches sprengen würde, habe ich mich auf die häufigsten und wichtigsten Linien und Zeichen beschränkt, die mir aus meiner mehrjährigen Praxis bekannt sind. Vollständig kann ein solches Verzeichnis nicht werden, weil Hände so individuell sind. Wenn Sie auf ein Zeichen stoßen, das hier nicht beschrieben wird, prüfen Sie, wo in der Hand es sich befindet. Die Lage des Zeichens ist das Wesentliche. Liegt es auf dem Handballen, hat es etwas mit Spiritualität zu tun, befindet es sich unter dem Zeigefinger, weist es auf Themen wie Ehrgeiz und persönliche Kraft hin. Liegt es auf dem oberen Abschnitt des Ringfingers, dann sagt es etwas über Ihre Kritikfähigkeit aus. Ist es eine Linie, so verbindet es zwei Faktoren, stellt es eine Schachtel dar, kann die Energie nicht abgerufen werden, und zeigt es sich als eine gebrochene Linie, kann die Energie nicht richtig fließen.

## Allgemeine Regeln der Handanalyse

In der Handanalyse geht man von vier Grundtypen des Menschen aus, die, wie auch aus anderen Lehren bekannt, auf die natürlichen Elemente – Erde, Luft, Feuer, Wasser – Bezug nehmen.

Eine Typisierung ist immer nur eine vereinfachte Darstellung komplexer menschlicher Eigenschaften und psychologischer Vorgänge. Ihr Ziel ist, eine auf Erfahrungen basierende Ordnung in die Vielfalt zu bringen. Es liegt in der Natur der Menschen, dass sie immer wieder »aus dem Rahmen fallen«. Schon C.G. Jung schrieb in seinem Geleitwort zu »Die Psychologie von C.G. Jung« von Jolande Jacobi: »Da es meine feste Überzeugung ist, dass die Zeit zu einer Gesamttheorie, die alle Inhalte, Vorgänge und Phänomene des Psychischen zentral erfasst und darstellt, noch längstens nicht gekommen ist, so betrachte ich meine Ansichten als Vorschläge und Versuche zur Formulierung einer neuartigen naturwissenschaftlichen Psychologie, welche sich in erster Linie auf die unmittelbare Erfahrung am Menschen gründet.«[2] So gründet die

2 Dr. J. Jacobi: »Die Psychologie von C.G. Jung«, Rascher Verlag, Zürich, 1940

Lehre der Handanalyse sowohl auf uralten Traditionen und Überlieferungen, als auch auf den empirischen Studien des International Institute of Hand Analysis von Alana und Richard Unger und deren Studenten.

Zu jeder von mir beschriebenen Form oder Linie gibt es Mischtypen. Auch können andere Faktoren in Ihrer Hand die grundsätzlichen Aussagen relativieren. So wird also immer nur ein Teil der beschriebenen Eigenschaften auf Sie zutreffen. Sie sollten sie im Zusammenhang mit anderen Zeichen in der Hand und auf dem Hintergrund Ihrer eigenen Erfahrungen sehen.

Die Beispiele, die ich in diesem Buch anführe, stammen aus meiner Praxis- und Lebenserfahrung. Ich habe sie so weit verfremdet, dass die Klienten als stereotyp bezeichnet werden können. Auch stimmen die Namen nicht mit den tatsächlichen Personen überein.

Oft werde ich gefragt, ob ich die linke oder die rechte Hand anschauen möchte. Ich analysiere immer beide Hände, die sehr unterschiedlich sein können. Die linke Hand entspricht eher Ihrem Inneren, Ihren Beziehungen zu Ihrem Partner, Ihrer Familie, Ihren engen Freunden, während die rechte Hand aufzeigt, wie Sie sich in der beruflichen Welt, in der Welt außerhalb Ihrer vier Wände, bewegen. Diese Aufteilung ist nicht absolut, denn wenn Sie ein wichtiges Zeichen nur in einer Hand haben, übt es dennoch seinen Einfluss auf Ihr gesamtes Leben aus.

In der Handanalyse wird nicht zwischen Männern und Frauen unterschieden. Was für Frauen gesagt wird, gilt auch für Männer und umgekehrt.

Es gibt Eigenschaften, die eher als männlich betrachtet werden, andere eher als weiblich. Mars ist der Kriegsgott und männlich, Venus ist die Göttin der Liebe und weiblich. In der tiefenpsychologischen Sicht handelt es sich bei den Planeten und Tierkreiszeichen um universelle Konstanten des menschlichen Seelenlebens – die es unter verschiedenen Namen in allen Kulturen gibt. Ich habe diese Symbole für die Finger und die Berge in der römischen Form übernommen:

| | |
|---|---|
| **Jupiter** | = **Zeigefinger:** Macht, Kraft, Ehrgeiz |
| **Saturn** | = **Mittelfinger:** Zuverlässigkeit, Verantwortungsgefühl, Hemmnis |
| **Apollo** | = **Ringfinger:** Kreativität, Freude, Individualismus |
| **Merkur** | = **kleiner Finger:** Kommunikation |
| **Venus** | = **unterer Daumenballen:** Sensualität, Sexualität |
| **Mars** | = **über dem Daumenansatz:** Mut, Kampfgeist |
| **Mond** | = **gegenüber dem Daumen an der Außenkante der Handfläche:** Intuition, Fantasie |
| **Neptun** | = **zwischen Venus und Mond:** tiefe Gefühle der Menschheit |
| **Pluto** | = **oberhalb Mond unter Merkur:** Phönix aus der Asche, Transformation |

Die Hand und Teile der Hand werden in drei Abschnitte eingeteilt. Die oberen Abschnitte sind geistiger, theoretischer, konzeptioneller Natur; die mittleren stellen die materielle, praktische, mentale Welt dar und die unteren den Bereich des »Bauches«, des Instinkts und des Körpers. Diese grundsätzliche Einteilung wird zum Beispiel bei der Deutung der Fingerabschnitte oder der Berge in der Hand angewendet.

Für jeden Abschnitt, aber auch für jede Linie in der Hand gelten folgende Regeln:

| | |
|---|---|
| Je **länger** | ein Fingerabschnitt oder eine Linie ist, desto mehr **Zeit** verbringen Sie in diesem Bereich. |
| Je **breiter** | (von vorne betrachtet) ein Fingerabschnitt oder eine Linie ist, desto mehr will sich die dazugehörende Eigenschaft **zeigen.** |
| Je **dicker** | (von der Seite betrachtet, »Polsterung« beim Anfassen) ein Fingerabschnitt ist, desto größer ist der Vorrat an **Energie** in diesem Bereich. |

Ein Handanalyst betrachtet auch andere Eigenschaften der Hände, die Rückschlüsse auf die Persönlichkeit des Klienten zulassen:

- Wie ist die **Flexibilität,** Beweglichkeit in der Hand, in den Fingern, im Daumen? Ist der Klient flexibel oder unflexibel?

- Ist die **Oberflächenstruktur** der Haut Ihrer Handfläche fein, mittel oder grob?
- Wie ist die **Beschaffenheit** der Hand? Ist sie hart, spannkräftig, weich oder schlaff?
- Welche **Farben** finden sich auf den Bergen, an den Fingern, in der restlichen Hand? Die Farben deuten auf eine momentane Stimmung hin, sie können sich innerhalb von Sekunden wandeln. Sie können aber auch eine Grundbefindlichkeit darstellen.

| | |
|---|---|
| **Rosarot** | gesunde Energie |
| **Weiß** | erschöpfte, aufgebrauchte Energie |
| **Blau** | Trauer oder Depression |
| **Rot** | Frustration, Wut oder gestaute Energie |
| **Gelb** | Selbstkritik, Verbitterung |

Die Linien in der Hand haben verschiedene Qualitäten. Es wird zwischen geraden und gebogenen Linien unterschieden. Die geraden Linien weisen auf eine klare Logik hin, wohingegen die geschwungenen Linien mehr Gefühle ausdrücken. Die Linien können auch aufgesplittert wirken, oder Inseln bilden. Dies zeigt Herausforderungen, Sorgen und Unklarheiten auf. Sie können Ketten bilden oder geflochten wirken, was auf eine Schwäche der Linie hindeutet. Wenn sie regelrecht gebrochen sind, sind das Brüche im Energiefluss. Schachteln legen die Energien auf Eis. Sie sind vorhanden, können aber nicht abgerufen werden. Ein Gitter bedeutet, dass die Energie gleichzeitig vorhanden ist, aber auch zurückgehalten wird. Das Gefühl, das Sie beim Vorhandensein eines Gitters haben, ist als ob Sie bei Ihrem Auto gleichzeitig auf das Gaspedal und auf die Bremse treten. Bei all diesen »Verletzungen« der Linien kommt es immer darauf an, *wo* sich diese befinden. Zum Beispiel: Ein Bruch der Kopflinie unter Saturn bedeutet Ohnmacht betreffend der Karriere. Eine Insel auf der Herzlinie unterhalb Apollo könnte Angst vor Ablehnung durch die Öffentlichkeit bedeuten.

Die ganz feinen Linien, die Sie auf Ihren Fingern und auf dem Daumenballen sehen können, bedeuten grundsätzlich, dass die zum Finger senkrechten Linien Energieventile sind, während die quer dazu sichtbaren Linien Hemmnisse bedeuten. Wenn sich daraus ein Gitter ergibt, ist dies ein Hinweis darauf, dass die vorhandene Energie zurückgehalten wird.

Eine Eigenschaft, die als Stärke betrachtet wird, kann im Extremfall zu einer Schwäche werden:

| | | |
|---|---|---|
| **eigenständig** | ←→ | **eigenwillig** |
| **teamfreundlich** | ←→ | **unselbständig** |
| **konsequent** | ←→ | **hart** |
| **verständnisvoll** | ←→ | **zu weich** |
| **selbstlos** | ←→ | **kommt selbst zu kurz** |
| **fantasievoll** | ←→ | **chaotisch** |
| **spontan** | ←→ | **oberflächlich** |
| **kontaktfreudig** | ←→ | **unkritisch** |
| **tatkräftig** | ←→ | **unüberlegt** |
| **selbstsicher** | ←→ | **geltungssüchtig** |
| **zurückhaltend** | ←→ | **unscheinbar** |
| **zuverlässig** | ←→ | **fantasielos** |
| **geradlinig** | ←→ | **stur** |
| **flexibel** | ←→ | **wechselhaft** |

In der Handanalyse nach IIHA, dem International Institute of Hand Analyse, Richard Unger, sind die wichtigsten Zeichen in Ihrer Hand Ihre Fingerabdrücke. Ihre Grundeinstellung zum Leben, die Brille, mit der Sie die Welt betrachten, ist Ihre Schule. Der aus den Fingerabdrücken erkennbare Lebenszweck ist Ihre Richtlinie, Ihre treibende Kraft. Ihre Lebenslektion ist Ihr »blinder Fleck«, Ihre größte Schwachstelle. Die Methode, wie Sie Ihre Schule sowie den Lebenszweck und Ihre Lebenslektion bewerten, finden Sie in dem Kapitel über die LifePrints©. Verzweifeln Sie nicht, wenn Sie Ihre Fingerabdrücke nicht zuordnen können. Die Bewertung ist nicht einfach, denn es braucht einige Erfahrung, um diese klar und eindeutig einreihen zu können.

## Praktisches Vorgehen

Bevor Sie eine Analyse Ihrer Hand beginnen, sollten Sie einen Abdruck Ihrer Hand und Ihrer Finger machen. Dazu benötigen Sie einen Linolblock, eine Linolwalze mit einer Länge von circa 7,5 cm, eine Tube abwaschbare Tinte und Papier. Verstreichen Sie die abwaschbare Tinte mit dem Roller auf dem Linolblock, und färben Sie anschließend Ihre Handfläche damit. Drücken Sie nun Ihre Hand locker und doch bestimmt auf ein Stück Papier. Machen Sie mit derselben Tinte noch zwei weitere Abdrücke. Falls Sie in der Mitte der Hand keinen Abdruck sehen können, drücken Sie das Papier nochmals von unten gegen Ihre Handfläche, damit Sie von diesem Teil Ihrer Hand auch einen Abdruck bekommen. Drücken Sie wieder etwas Tinte aus der Tube auf den Linolblock und wiederholen Sie die Prozedur bei Ihrer zweiten Hand. Achten Sie darauf, dass Sie nicht zu viel, aber auch nicht zu wenig Tinte verwenden. Der Abdruck sollte mittelgrau aussehen, weder schwarz noch zu hell. Die Linien und Fingerabdrücke sollten weiß erscheinen. Achten Sie auch darauf, dass Sie den Abdruck nicht verschmieren. Die Hände lassen sich nachher leicht mit etwas lauwarmem Wasser und Seife abwaschen.

Alle im theoretischen Teil beschriebenen Zeichen, Linien und Abdrücke sind für einen Laien besser aus einem Abdruck ersichtlich als in der Hand. Ich selbst analysiere möglichst beides, einen Abdruck und die Hand selbst. Manche Faktoren sind leichter in der Hand erkennbar, andere besser auf einem Handabdruck. Vor allem der Zustand der Fingerabschnitte ist auf einem Abdruck deutlicher als bei einem Blick in die Hand.

Mit Hilfe des Kapitels über die Selbstanalyse der Hand können Sie nun darangehen, Ihre Begabungen und Herausforderungen zu beschreiben, Ihr Umfeld zu analysieren und daraus Ihr Ziel zu formulieren. Ist Ihr Ziel einmal klar, können Sie Maßnahmen entwickeln, wie Sie dieses Ziel erreichen können und dann beurteilen, wie Sie es umsetzen wollen, was Ihnen leicht fällt und wo Sie Hindernisse zu überwinden haben.

# Die Grundtypen der Hand

Obwohl es für einen Laien nicht einfach ist, die Handform zu erkennen, möchte ich diesen theoretischen Teil dennoch damit beginnen, weil der Grundtyp Eigenschaften beschreibt, die auch bei anderen Linien, zum Beispiel der Herzlinie, vorkommen. Als Grundlage für die Grundformen nehme ich die vier Grundtypen: Erde, Luft, Feuer, Wasser.

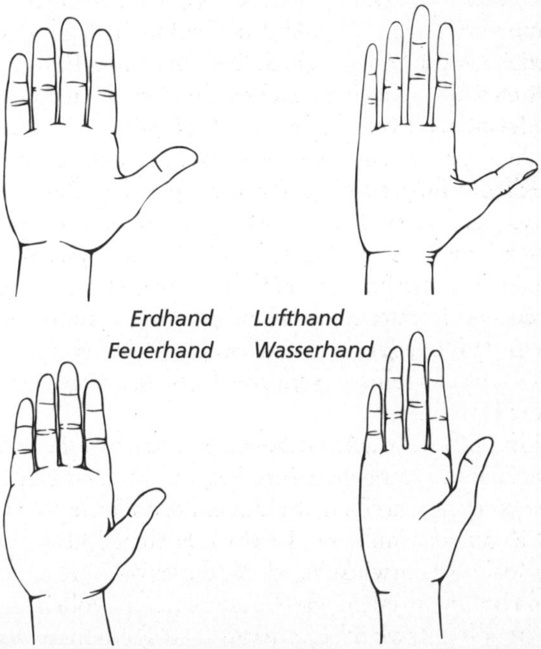

Da viele Hände aus Mischungen der Elemente der Grundtypen bestehen, ist es vor allem wichtig, in einer Hand nach den Elementen zu suchen, die eindeutig fehlen. Das Element, das nicht zu erkennen ist, ist für einen Menschen wichtiger als die vorhandenen Elemente. Es ist dasjenige, das ihn herausfordert, sich mit ihm zu befassen. Ein ausgewogener Mensch, der mit Hand, Herz und Geist versucht, sein Leben zu bewältigen, hat sicher Interesse daran, dieses fehlende Element in seine Persönlichkeit zu integrieren.

## Der Erd-Typ

Sind sowohl die Finger als auch die Handfläche relativ kurz und quadratisch? Sind nur wenige Linien auf der Handfläche? Wenn in der Hand allgemein wenige, aber kräftig und graviert wirkende Linien zu sehen sind, gehören diese zum Grundtyp der Erdhand.

Erd-Menschen arbeiten gerne im Garten und sind umweltverbunden. Sie sind loyal, treu, zuverlässig, eher bedächtig, praktisch veranlagt, pünktlich und traditionell orientiert. Sie sind schweigsam, wortkarg und in sich gekehrt. Sie arbeiten gerne körperlich schwer, sind bodenständig, naturnah und sorgen gut für ihre Familie und ihre Freunde. Freundschaften schließen sie nicht leicht, aber wenn sie sich einmal jemandem emotional genähert haben, so kann man sein Leben lang auf ihre Loyalität bauen. Es sei denn, sie werden durch Unaufrichtigkeit oder Illoyalität enttäuscht. Bei ihnen gilt: »Ein Mann, ein Wort.« Erd-Menschen sind heldenhaft, wenn es darum geht, anderen Menschen zu helfen. Sie lieben nicht unbedingt intellektuelle, komplizierte, philosophische Gedankengänge, einfache Denkmuster liegen ihnen näher.

***Hans** ist ein Erd-Typ. Er ist ein loyaler, zuverlässiger Freund und liebt seine Familie über alles, wenn sie ihn nicht zu sehr in Anspruch nimmt. Er ist nicht gerade aufgeschlossen für neue Ideen, vor allem dann nicht, wenn sie komplex sind. Die Welt*

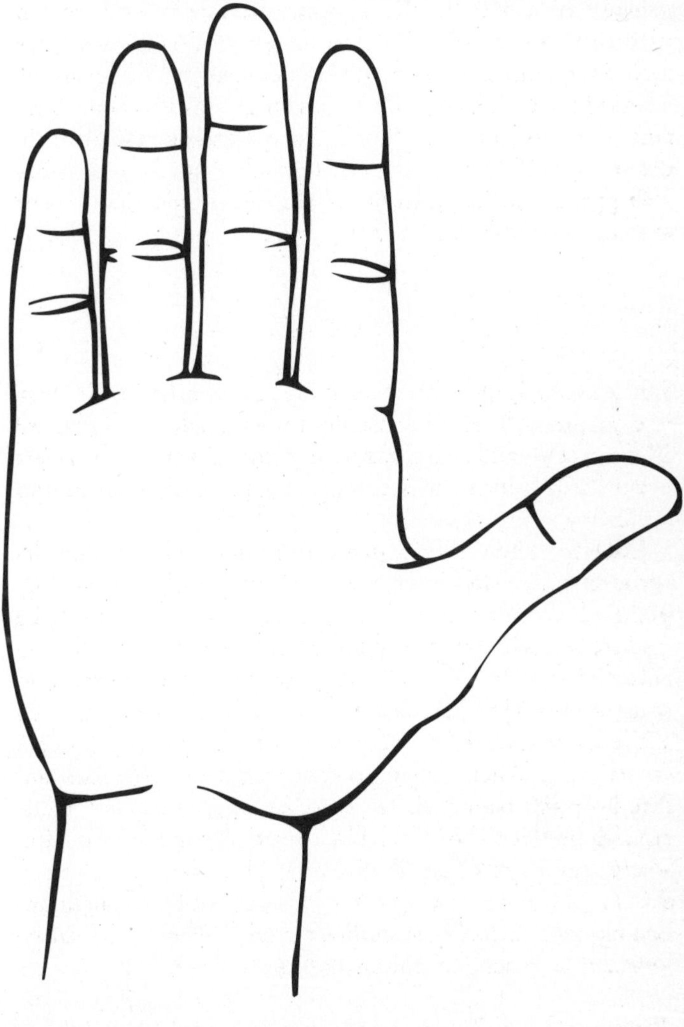

*Erdhand*

*erscheint ihm in Schwarz und Weiß, Gut und Böse, Richtig und Falsch.*

*Er ist Mitglied der freiwilligen Feuerwehr, denn dort kann er seinen Hang zum Heldentum leben. Mit einer gewissen Selbstverständlichkeit, ohne Stolz und Pathos, hat er mir erzählt, er habe einmal ein Kind aus einem brennenden Haus gerettet. Dabei hätte er nicht an sein eigenes Leben gedacht. Die Aufgabe, seine Verantwortung standen im Vordergrund.*

*Vieles würde ihm leichter fallen, wenn er sich neuen Ideen öffnen würde und flexibler, weniger stur wäre. Er sollte lernen, nicht immer das Gefühl zu haben, die ganze Welt – allein – auf seinen Schultern zu tragen.*

*Wenn seine Frau möchte, dass er mit ihr und den Kindern auf den Jahrmarkt geht, er aber gleichzeitig mit seinen Feuerwehrkameraden die Beförderung eines seiner Kameraden feiern möchte, kommt er in einen Konflikt. Für Hans wird es wahrscheinlich immer schwierig sein, seine zwiespältigen Gefühle in den Griff zu bekommen. Wenn er sich dessen jedoch bewusst ist, wird er sie in künftigen Situationen sorgfältig prüfen, und lernen, sie besser zu erfassen.*

## Der Luft-Typ

Ist die Handfläche relativ lang und eher rechteckig? Sind auch die Finger lang, mit rechteckigen Abschnitten? In einer Lufthand findet man Linien, die als »wohlüberlegt«, nicht zufällig, bezeichnet werden könnten. Sie sind fein, aber gleichzeitig wirken sie stark und deutlich in ihrer Aussage.

Luft-Menschen reden und denken gerne, sie sind mitteilsam, neugierig, wissbegierig und geistreich. Sie sind objektiv, analytisch und praktisch denkend, haben ein gutes Urteilsvermögen und einen ausgesprochenen Sinn für Fairness und Gerechtigkeit. Sie lieben es, Dinge zu organisieren und haben einen eigenen Ordnungssinn. Sie sind Team-Player und lieben lange Debatten, denn die Kommunikation ist ihnen wichtig. Sie sind in ihrem Element, wenn sie den Dingen auf

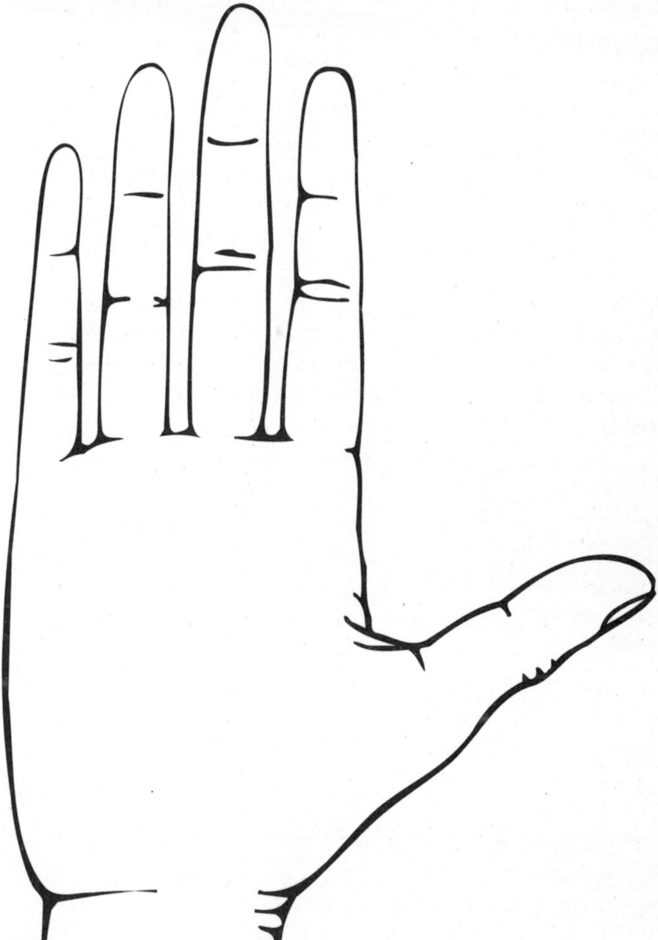

*Lufthand*

den Grund gehen können, sie beobachten, erforschen, ergründen. Der Weg zu ihrem Herzen führt über den Kopf, denn dort verbringen sie die meiste Zeit. Sie sind ständig am Abwägen, am Denken, am Analysieren, am Überlegen, am Diskutieren.

***Regina*** *ist Lehrerin. Da sie objektiv, analytisch und praktisch denkend ist, ist dies ein idealer Beruf für sie. Ihr gutes Urteilsvermögen und ihr ausgesprochener Sinn für Fairness und Gerechtigkeit machen sie zu einer ausgezeichneten Lehrerin. Bei unserer ersten Begegnung wirkte sie kühl und überlegen, weil sie sich hinter ihrem Intellekt zu verstecken suchte. Ihre Freunde haben manchmal das Gefühl, sie habe sie gar nicht gern, denn sie zeigt sich ihnen manchmal auf eine ironische, sarkastische Art, die oft krittelnd und anderen Menschen gegenüber wertend wirkt.*

*Regina sollte lernen, ihre Vorurteile abzulegen, die Meinung anderer Menschen auch gelten zu lassen, weniger besserwisserisch und kopflastig zu sein. Auch sollte sie sich bemühen, nicht ständig Fehler bei anderen Menschen zu suchen und mit Schuldzuweisungen vorsichtiger umzugehen. Schön wäre es auch, wenn sie ihr Mundwerk bremsen und ein bisschen weniger schwatzen würde. Sie hat so viele Gedanken in ihrem Kopf, die sie anderen mitteilen möchte, die sie aber nicht immer unausgegoren kundtun sollte.*

*Wenn Regina einmal begriffen hat, wie sie auf andere Menschen wirkt, wird sie sich mit kopflastigen Bemerkungen zurückhalten und lernen, öfter auch ihre Gefühle in ihre Aussagen mit einzubeziehen.*

## Der Feuer-Typ

Ist die Handfläche lang und unregelmäßig abgerundet mit kurzen Fingern und vielen kraftvollen Linien? Die Linien in einer Feuerhand sind wie ein loderndes Feuer, stark gezeichnet und kreuz und quer wie mit einem Schwert in die

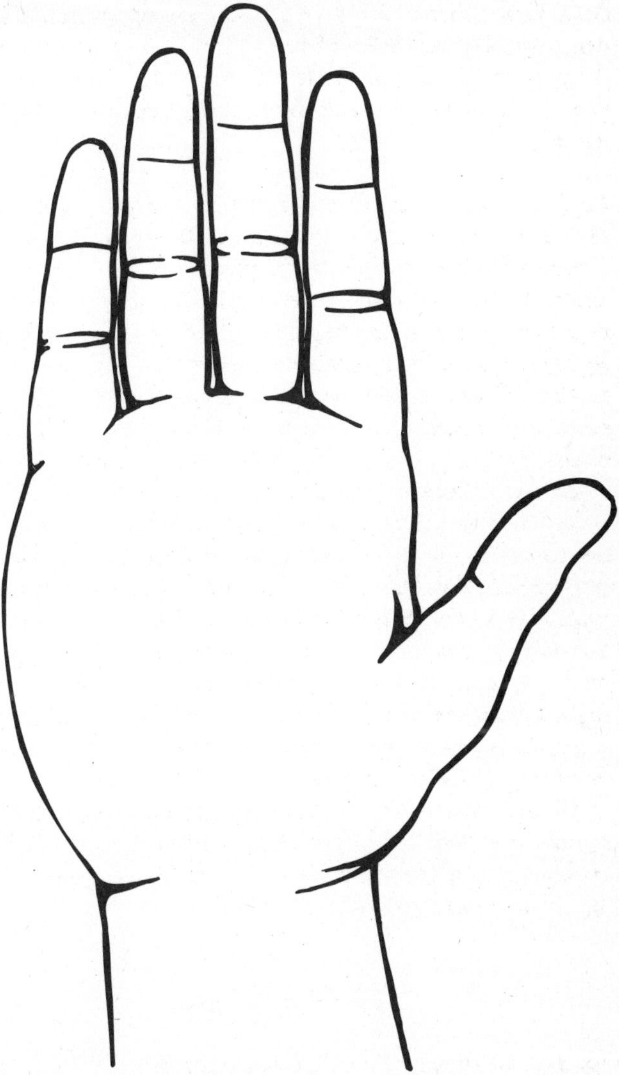

*Feuerhand*

Hand eingeschlagen. Manchmal sind wegen der vielen starken Linien die vier Hauptlinien für einen Laien nicht klar zu erkennen.

Feuer-Menschen sind lebendig, lebenslustig, schnell entschlossen, temperamentvoll, aktiv, begeisterungsfähig, individualistisch, unabhängig und extrovertiert. Sie stehen gerne im Mittelpunkt der Aufmerksamkeit, sind leidenschaftlich, charismatisch und ausdrucksstark. Für sie gilt in hohem Maße »Der Weg ist das Ziel«. Sie wollen immer Neues ausprobieren und gelten als initiativ und innovationsfähig. Sie sind für andere nie langweilig, langweilen sich selber aber schnell, wenn die Dinge zur Routine werden. Darum neigen sie dazu, alles Mögliche, im Negativen wie im Positiven, anzuzetteln.

***Gina*** *hat ihre Haare rot gefärbt und kleidet sich gerne auffällig. Sie arbeitet momentan gerade in einer Mode-Boutique und wird manchmal als Model für den Laufsteg engagiert. Die Abwechslung gefällt ihr. In den letzten zwei Jahren hat sie dreimal die Stelle gewechselt. Ursprünglich hat sie den Beruf einer Apothekerin gelernt, aber das wurde ihr schnell zu langweilig. Als ihr die Stelle als Serviererin im Nachtclub angeboten wurde, griff sie rasch zu, denn sie versprach sich aufregende Tage, da sie ja tagsüber frei hatte. Als sie aber merkte, dass sie am frühen Morgen todmüde ins Bett sank und durch die harte Nachtarbeit nicht mehr viel Energie für anderes hatte, suchte sie sich schnell wieder etwas Neues. Reiseleiterin, das war's! Anfangs reiste sie begeistert quer durch Europa, aber die Knochenarbeit am Computer und die Verantwortung für die Reisenden wurde ihr bald zu viel, so dass sie wieder neue Arbeit suchte.*

*Gina sollte lernen, Dinge zu Ende zu bringen und nicht immer wieder Neues anzufangen. Sie sollte die Verantwortung für sich und andere übernehmen und sich selbst aus dem Mittelpunkt rücken. Sie neigt zur Übertreibung und zur Hyper-Aktivität. Sie sollte ihrer Umgebung und sich selbst auch ab und zu Ruhe gönnen.*

*Wenn ihr Leben ruhig verläuft, kann sie einen Hang zur Dramatik entwickeln und Unruhe stiften oder in ein Wespennest stechen, nur damit etwas Aufregendes passiert. Gut wäre es auch, wenn sie ihre egozentrischen Tendenzen bearbeiten würde.*

*Wenn Gina einmal erkannt hat, dass sie nicht der Nabel der Welt ist, dass sie aber für sich und andere viel Freude und Lebenslust durch ihre Aktivität und Energie generieren kann, ist sie eine Bereicherung für ihre Umgebung.*

## Der Wasser-Typ

Ist die Handfläche lang und schmal, mit langen, schmalen, nicht ganz geraden Fingern? Sind darin viele feine Linien? Eine Wasserhand weist viele feine, spitzenartig wirkende Linien auf, mit tanzenden, nicht geraden Fingern, die wie Seegras wirken.

Wasser-Menschen sind sensibel, einfühlsam und introvertiert. Sie sind intuitiv, idealistisch und orientieren sich gern an anderen. Sie können sich wie Wasser in einem Gefäß fast allen Situationen und Menschen anpassen. Dadurch sind sie auch anderen Menschen gegenüber sehr einfühlsam, verständnisvoll und fürsorglich. Beziehungen mit anderen Menschen sind für sie das Wichtigste. Auch lassen sie sich leicht von anderen beeindrucken. Anderseits spüren sie schnell, wenn ihr Gegenüber ihnen seine Gefühle nicht ganz ehrlich ausdrückt.

***Monika** ist Masseurin. Weil sie einfühlsam, anpassungsfähig und fürsorglich ist, ist sie in ihrem Beruf erfolgreich. Sie ist nicht sehr praktisch veranlagt, und die moderne Technik ist ihr ein Horror. Wenn sie einen Computer nur schon von weitem sieht, fängt sie zu zittern an. Aber in ihrem Beruf muss sie ihn ja auch nicht benützen.*

*Manchmal verwischen sich die Grenzen zwischen ihr und anderen Menschen, mit denen sie sich zu sehr identifiziert und*

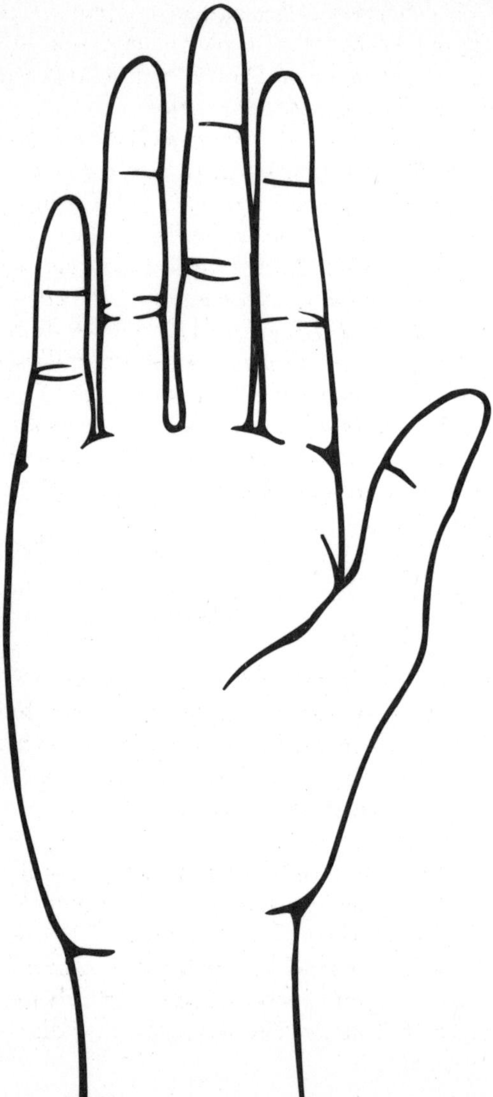

*Wasserhand*

*deren Probleme sie als ihre eigenen übernimmt. Sie hat Mühe, Stellung zu beziehen. Dadurch bleibt sie unverbindlich und nicht leicht zu fassen. Dies bereitet ihr außerhalb der vier Wände ihres Massage-Zimmers Mühe.*

*Sie lebt lieber in einer Fantasiewelt als mit beiden Füßen auf der Erde. Sie neigt auch dazu, sich selber als Märtyrerin zu sehen, und ist oft widersprüchlich in ihren Aussagen, ihren Gefühlen und ihrer Handlungsweise.*

*Wenn Monika ihre Schwächen erkannt hat, kann sie lernen, ihre Stärken besser zu nutzen. Sie sollte ebenfalls lernen, sich innerlich von den Problemen ihrer Klienten zu distanzieren, dabei aber einfühlsam und verständnisvoll zu bleiben. Es gibt Situationen, in denen sollte auch Monika Stellung beziehen und ihre Meinung sagen, sonst verschwindet sie in ihrer Fantasiewelt. Wenn sie sich selbst und anderen Grenzen setzen kann, wird sie sich auch nicht mehr als Märtyrerin fühlen.*

## Mischtypen

Zu diesen Grundtypen gibt es natürlich viele Mischtypen. Selten sind Typen klar und eindeutig. So werden zum Beispiel zwölf Elementar-Hybriden (Gardner-Archetypen) unterschieden, deren genaue Beschreibung in den Seminarunterlagen von Alana Unger[3] zu finden sind:

- **Erde plus Luft:** »Staub.« Zuverlässigkeit in Kombination mit Kopf. Dieser Typ wird der Beamte genannt. Er ist methodisch und arbeitet mit Routine.
- **Erde plus Feuer:** »Der Brennofen.« Zuverlässigkeit in Kombination mit Energie. Dieser Typ arbeitet mit nachhaltiger, brauchbarer Kreativität. Er wird die »Arbeitsbiene« genannt.

3 Alana Unger, Associate Director, IIHA (International Institute of Hand Analysis, Tiburon, CA, U.S.A.). www.handanalysis.net

- **Erde plus Wasser:** Mutter Erde. Zuverlässigkeit kombiniert mit Gefühl. Dies ist die nährende Mutter Erde.

- **Luft plus Erde** (anders als Erde mit Luft): Der Berggipfel. Kopf kombiniert mit Sicherheit. Dieser Typ beobachtet das Leben aus sicherer Entfernung von oben herab.
- **Luft plus Feuer:** Der Sonnenaufgang auf dem Gipfel. Kopf kombiniert mit Leidenschaft. Dieser Typ sieht das Leben und die Menschen mit Klarheit. Er ist der Aufklärer, der mit der Lampe den Weg leuchtet. Der Stratege.
- **Luft plus Wasser:** Kleine Wellen auf dem See. Kopf mit Gefühl. Die Vaterfigur, der erhabene Berater.

- **Feuer plus Erde:** Der Krieger. Leidenschaft mit Zuverlässigkeit.
- **Feuer plus Luft:** Der Hofnarr. Leidenschaft mit Kopf. Der Hofnarr, der Ihnen mit Witz und Humor den Spiegel vor das Gesicht hält.
- **Feuer plus Wasser:** Der Geysir. Leidenschaft mit Gefühl. Eine heiße Quelle in einem vulkanischen Gebiet, wo das Wasser aus dem Boden sprudelt. Der Clown, frivol, gedankenlos, oberflächlich.

- **Wasser plus Erde:** Gefühl mit Bodenständigkeit. Die Zauberin, Vivianne von Avalon[4], die Herrin des Sees. Geheimnisvoll und tiefgründig.
- **Wasser plus Luft:** Der Morgennebel. Gefühl mit Kopf. Kindlich, naiv, offenherzig.
- **Wasser plus Feuer:** Dampf. Gefühl mit Leidenschaft. Die Schauspielerin, die Gefühle dramatisiert.

Wenn in diesen Kurzbeschreibungen zum Beispiel von Erde plus Luft die Rede ist, dann bedeutet das, dass die Erd-Eigenschaften in der Hand überwiegen, dass aber auch Luft-Ele-

4 Aus der Artussage, die Herrin des Sees, Pflegemutter von Sir Lancelot, die König Artur sein Schwert, Excalibur, schenkte.

mente vorhanden sind. Wenn ich von Luft plus Erde schreibe, sehe ich eine Hand, die hauptsächlich Luft-Elemente aufweist, aber auch einige für Erde typische Eigenschaften zeigt.

Es gibt Handformen, bei denen man Elemente von drei Typen oder sogar alle vier finden kann. Wenn Sie so ein Mischtyp sind, sollten Sie nach anderen Zeichen in der Hand Ausschau halten, die Ihnen den Grundtyp verraten können. Oft glaubt man eine Lufthand mit Luftfingern vor sich zu haben, die aber eindeutig für Feuer typische Linien aufweist, wobei der Handteller quadratisch ist. Wie schon erwähnt, ist es dann wichtig, nach dem fehlenden Element zu suchen, weil dieses Element eine Herausforderung für den Menschen bedeutet.

# Die Finger

## Der Daumen

Der Daumen nimmt eine besondere Position in der Hand ein. Wir sind als Menschen die einzigen Lebewesen, die einen Daumen als Gegenpol zu unseren Fingern haben. Er gibt uns ein unvergleichliches Werkzeug in die Hände.

Der Daumen hat verschiedene Variablen. Wichtig zur Bestimmung der Merkmale des Daumens sind der Winkel zwischen dem Daumen und dem Zeigefinger, die Größe des Daumens und die Höhe des Ansatzes.

Der Daumen zeigt Ihren Willen und Ihre Entschlusskraft. Mit dem Daumen formen und kontrollieren Sie Ihr Umfeld und Ihr Leben. Der Daumen bringt Ihnen die Resultate Ihrer Unternehmungen. »Unter Ihrem Daumen« haben Sie Menschen und Dinge in Ihrem Leben.

### Der Winkel

Der Winkel kann auch von einer momentanen Stimmung abhängig sein. Man hat nicht immer gleich viel Kraft und Willensstärke, was sich im Winkel widerspiegeln kann. Im Allgemeinen aber gilt Folgendes:

- Ein kleiner Winkel lässt einen introvertierten, vorsichtigen Menschen erkennen. Ein solcher Mensch hat kein großes Interesse daran, die Welt zu verändern. Er ist keine Füh-

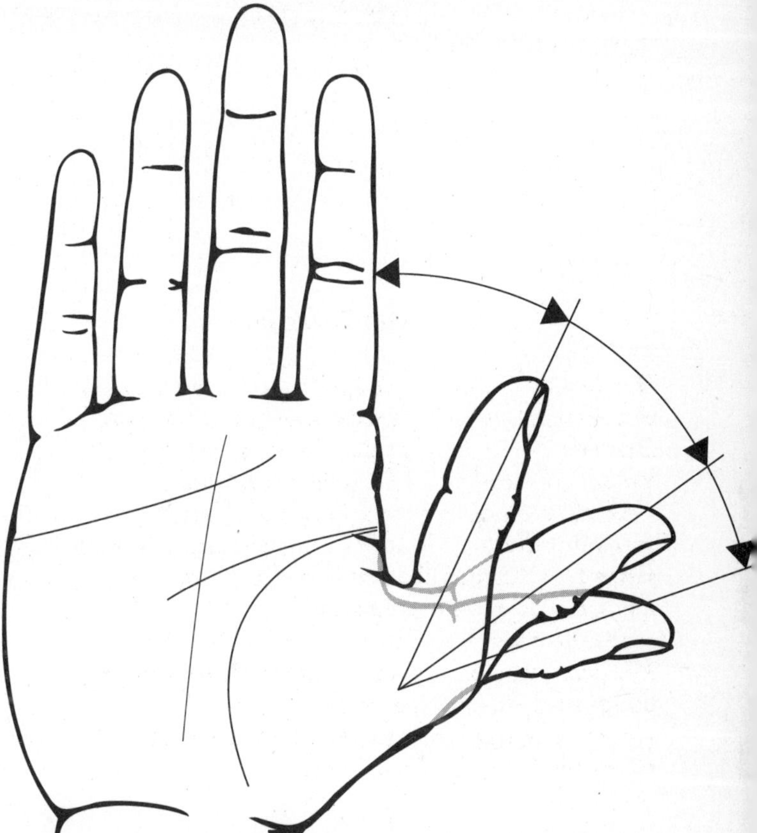

*Daumen, Winkel*

rernatur, sondern eher ein loyaler getreuer Gefolgsmann. Nur wenn diese Menschen viel Unterstützung von anderen bekommen, wagen sie es, eigene Handlungen durchzuführen, um etwas in der Welt zu bewirken.
Wenn der kleine Winkel nur eine vorübergehende Phase bedeutet, kann eine Ruhepause durchaus zum Kräftesammeln gut sein. Falls diese Person aber selber eigentlich mehr Aktivität möchte, dann sollte man der Ursache des kleinen Winkels auf den Grund gehen. Wenn aber jemand glücklich mit seinem Leben ist und keine größere Tatkraft wünscht, dann ist auch ein kleiner Winkel für ihn richtig.

- Ein mittlerer Winkel gehört einem Menschen, der sowohl anderen hilft als auch Hilfe von anderen annimmt. Er hat ein mittleres Maß an Initiative, möchte aber keine Führungsposition. Er kann durchaus gut planen, die Ausführung aber anderen Menschen überlassen.
- Ein Mensch, der ein großes Aktionsfeld braucht, hat meist einen großen Winkel. Ein Direktor oder ein General müsste einen solchen Winkel haben. Wenn dieser Mensch nicht viele Entscheidungen zu treffen hat, wird er rastlos.

**Die Größe:** Auch die Größe des Daumens im Verhältnis zum Rest der Hand gibt Auskunft über die Willenskraft einer Person.

- Ein großer Daumen weist auf die Fähigkeit hin, Großes zu erreichen. Er kann anpacken und hat das Leben im Griff. Er ist voller Tatendrang, hat viel Energie und ist begeisterungsfähig. Wenn der Daumen dazu auch noch unverhältnismäßig breit ist, kann ein solcher Mensch aber auch herrisch, aufdringlich, aggressiv und penetrant sein.
- Mit einem kleineren Daumen fällt es einem nicht so leicht, Dinge zu erledigen. Solche Menschen fühlen sich oft als Opfer der Umstände.
- Wenn der Daumen sehr klein ist, scheint es nahezu unmöglich, den Alltag zu bewältigen. Viele Menschen mit einem zu kleinen Daumen werden depressiv.

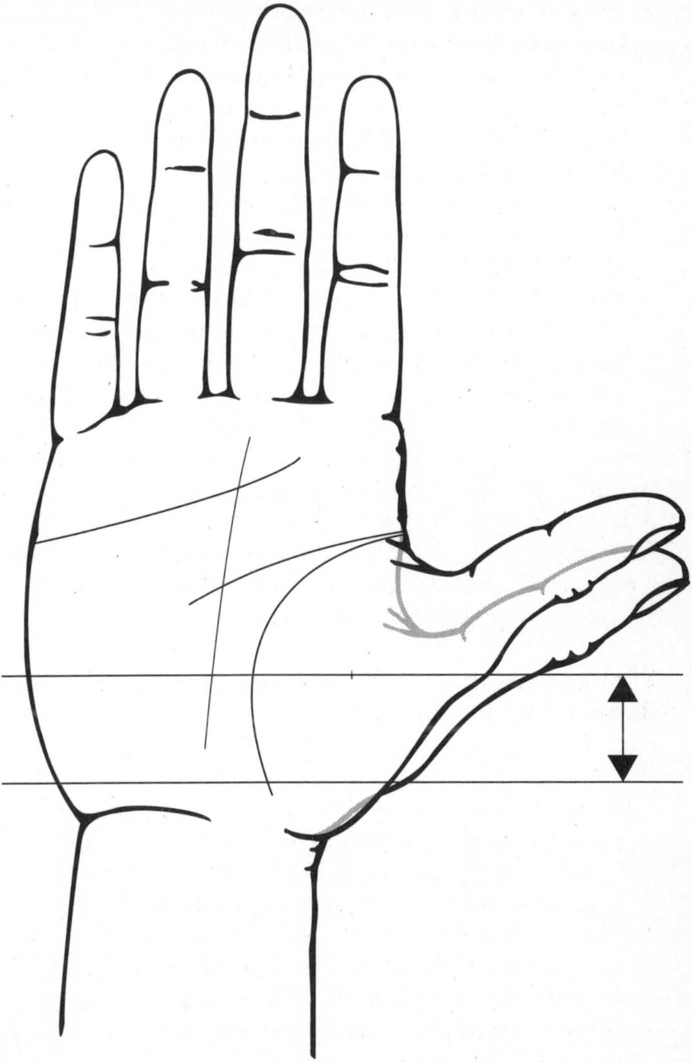

*Daumen, Ansatz*

## Der Ansatzpunkt

Sie können den Ansatzpunkt Ihres Daumens finden, indem Sie auf Ihrem Handabdruck eine imaginäre Linie bei der Handwurzel quer zum Arm ziehen, und eine senkrechte Linie beim Ansatzpunkt des Daumens.

Je länger die Linie von der waagrechten Linie zum Ansatzpunkt ist, das heißt je höher der Ansatzpunkt ist, desto schwerer fällt es Ihnen, Aufgaben anzupacken und zu einem Ziel zu führen. Je tiefer der Ansatzpunkt gelegen ist, desto größer ist die Beweglichkeit des Daumens, desto leichter kann er die anderen Finger erreichen, desto leichter beginnen Sie eine Arbeit und führen sie zu einem guten Ende.

**Die Beweglichkeit des obersten Daumengliedes:** Je leichter sich das oberste Glied Ihres Daumens zurückbiegen lässt, desto flexibler sind Sie. Eine steife Daumenspitze deutet auf Stehkraft und Willensstärke hin, ein bewegliches Glied zeigt Flexibilität und Anpassungsfähigkeit an. Ein Mensch mit einem steifen Daumen ist demnach herausgefordert, nicht stur zu sein, während jemand mit einem beweglichen Daumen aufpassen muss, dass er sich nicht immer für andere ein Bein ausreißt.

# Die Größe und Stärke der Finger

## Dschungeltest

Der von Richard Unger[5] entwickelte Dschungeltest dient zur Ermittlung des dominanten Fingers. Öffnen Sie Ihre Hände und schauen Sie Ihre Finger von der Handfläche aus an. Wenn Ihre Finger Bäume in einem Dschungel wären und Sie von einem Tiger verfolgt würden, auf welchen »Baum« würden Sie sich am ehesten flüchten: Auf den Zeigefinger, den Mittelfin-

5 Richard Unger, Director, IIHA, International Institute of Hand Analysis, Tiburon, CA, U.S.A.; www.handanalysis.net

ger, den Ringfinger oder den kleinen Finger? Dadurch erkennen Sie, wo Ihre besondere Stärke liegt. Die Stärke der Finger kann sich im Laufe Ihres Lebens verändern, je nach Ihrer persönlichen Entwicklung. Auf der ersten Zeichnung (1) erkennen Sie, wie die Durchschnittslängen der Finger einer Hand sind. Der längste Finger ist der Saturn. Apollo und Jupiter sind ungefähr gleich lang und kommen etwa bis zur Mitte des

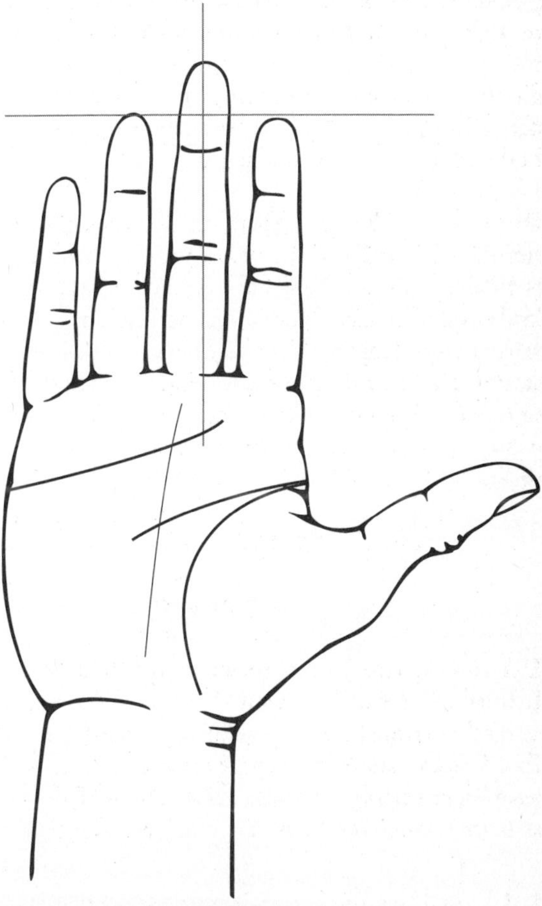

*Dschungeltest (1)*

oberen Saturn-Abschnitts. Der Merkur ist so lang wie die beiden unteren Abschnitte des Apollo. Auf der zweiten Zeichnung (2) erkennen Sie einen schwachen (krummen) Saturn, einen schwachen (kurzen) Apollo und einen gekrümmten Merkur. Der stärkste Finger ist eindeutig der Jupiterfinger. Lang bedeutet, dass er länger ist als die Durchschnittslänge und dass er im Vergleich zu den anderen Fingern lang wirkt.

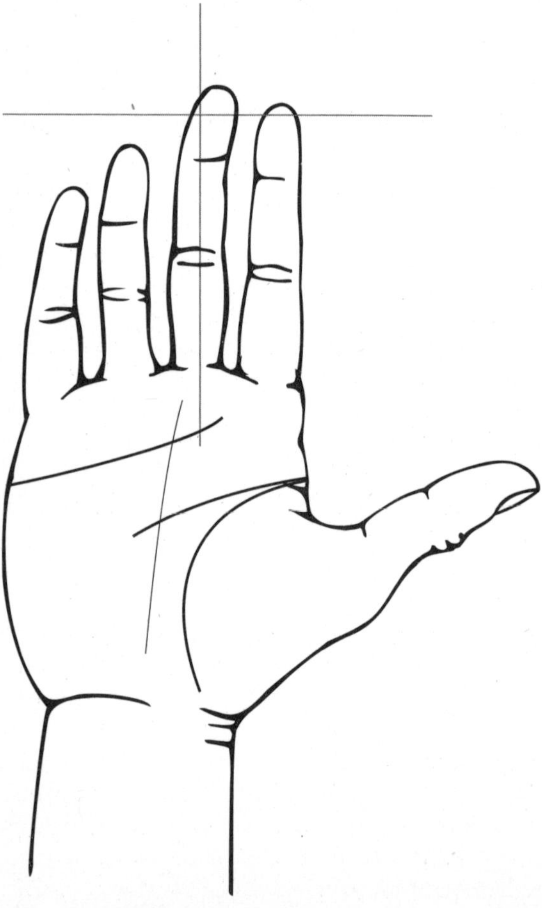

*Dschungeltest (2)*

**Der Zeigefinger (Jupiter):** Der Jupiterfinger zeigt den Weg. Er ist der Abzugsfinger, der Auslöser. Ohne einen starken Jupiterfinger fällt es einem schwer, Aufgaben anzupacken. Das bedeutet, dass der Jupiterfinger persönliche Kraft und Führungsbegabung symbolisiert. Er deutet auf Autorität, Selbstvertrauen, Stolz und gesunden Ehrgeiz hin. Wenn Jupiter-Menschen nicht genug Respekt von ihren Mitmenschen erhalten, werden sie wütend oder feindselig. Das Gegenstück zur positiven Energie von Jupiter ist Kraftlosigkeit, Machtlosigkeit.

**Der Mittelfinger (Saturn):** Saturn ist der Lehrer. Er lehrt durch Einschränkung, Zwang und praktische Erfahrungen. Er weist auf ein Bedürfnis nach Ordnung, Abgrenzung und Sicherheit hin. Er verkörpert die Prinzipien von Selbstwert, Selbstdisziplin, Pflichtbewusstsein, Wirklichkeitssinn, Lebensernst, Zuverlässigkeit. Oft motiviert er durch Schuld- und Schamgefühle. Er ist es, der uns sagt: »Erst die Arbeit, dann das Vergnügen.« Auch wenn man dadurch gar nie bis zum Vergnügen vordringen kann.

Der Saturn ist oft krumm, verbogen oder sonst wie gestresst. Vielleicht liegt es daran, dass er in der Mitte der Hand liegt und dadurch alles Positive und Negative ins Gleichgewicht bringen muss. Der Saturn braucht Sicherheit, sonst bekommt er Schuldgefühle. Ein schwacher Saturn signalisiert wenig Selbstwertgefühl.

**Der Ringfinger (Apollo):** Der Apollofinger zeigt die Kreativität an. Er wird in Zusammenhang gebracht mit Schönheit, Geschmack, Kunst, Spiel, Vergnügen, Gesellschaftsfähigkeit, Anerkennung, Selbst-Ausdruck, Applaus, Wertschätzung und Individualismus.

Der Apollo braucht Anerkennung und Applaus, sonst gibt er sich hilfsbedürftig, oder er versucht sich einzuschmeicheln und wirkt unecht. In seiner Umkehrung leidet Apollo unter Angst vor Kritik, Angst davor, dass seine Kreativität mit faulen Tomaten quittiert wird.

**Der kleine Finger (Merkur):** Merkur ist der Kommunikator. Er hat Geschäftssinn und kann gut verhandeln. Er hat einen scharfen, forschenden Verstand, kann strategisch denken und ist schnell in seinen geistigen Reaktionen. Er weist auch auf eine technische Begabung hin. Er kann gut alle Möglichkeiten abwägen und sieht die Tragweite seiner Handlungen und auch die von anderen. Dem Merkur-Menschen ist gute Verständigung sowohl im geschäftlichen als auch im intimen Bereich ein Anliegen. Er spricht aus seinem Herzen und ist verständnisvoll und zuvorkommend gegenüber seinen Partnern. Ein Bedürfnis nach Intimität und Liebe zu seinen Nächsten ist eine Folge seiner Kommunikationsfähigkeit. Bekommt er zu wenig Nähe, Verständnis und Intimität in seinen Beziehungen, hat er die Tendenz, sich ganz in sich selber zurückzuziehen, sich abzuschotten und nach Abgeschiedenheit zu streben. Misstrauen ist sein Gegenstück.

## Die Abschnitte der einzelnen Finger

beleuchten, wie Sie verschiedene Lebensbereiche handhaben. Die Länge, Breite, Form der Abschnitte verändern sich mit dem Wandel Ihrer Lebensumstände und Ihrer Einstellung zu ihnen. Alle vier oberen Abschnitte sind geistiger, theoretischer, konzeptioneller, spiritueller Natur, die mittleren stellen die materielle, praktische, mentale Welt dar und die unteren den Bereich des »Bauches«, des Instinkts und des Körpers. Jeden Abschnitt der Finger sollten Sie im Verhältnis zu den anderen elf Abschnitten sehen.

Ich erinnere Sie an folgende Regeln:

| | |
|---|---|
| Je **länger** | ein Fingerabschnitt ist, desto mehr **Zeit** verbringen Sie in diesem Bereich. |
| Je **breiter** | ein Fingerabschnitt ist, desto mehr will er sich **zeigen.** |
| Je **dicker** | ein Fingerabschnitt ist, desto größer ist der Vorrat an **Energie** in diesem Bereich. |

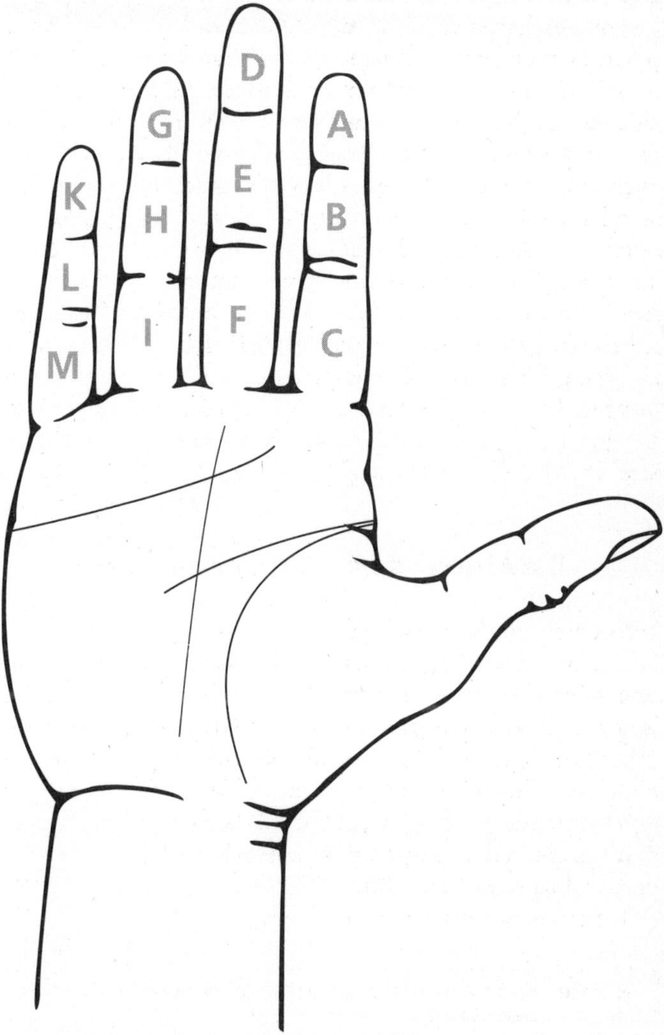


*Abschnitte*

Wirkt ein Abschnitt im Vergleich zu den anderen Abschnitten gerade, regelmäßig und groß, dann ist seine Eigenschaft bei Ihnen stark und positiv. Ist der Abschnitt krumm, gedrungen, nicht verbunden oder fast unsichtbar, oder wirkt er wie ein aufgeblasener Ballon, der unten und oben abgeschnürt ist, dann ist die zu ihm gehörende Eigenschaft negativ. Aber auch positive Eigenschaften können negative Auswirkungen haben und umgekehrt. Das sollten Sie sich bei einer Handanalyse immer vor Augen halten. Ist er im Vergleich zu den anderen Abschnitten unscheinbar, dann ist auch sein Einfluss in Ihrem Leben unbedeutend.

**Der obere Jupiterfinger-Abschnitt** (Abschnitt A): Dieser verkörpert den Grundsatz der hohen Ideale und der Nächstenliebe. Ist er groß und stark, heißt es, dass Sie hohe Ideale haben und viel an andere denken. Dieser positive Aspekt hat aber durchaus auch negative Seiten. Vielleicht fehlt es Ihnen an Kraft oder Willen, Ihre Ideale anzustreben oder gar zu erreichen. Oder Sie denken zu viel an andere und zu wenig an sich selbst.

Ein schwacher oberer Abschnitt des Jupiterfingers zeigt einen Menschen, der zwar moralisch hochstehende Vorstellungen hat, aber durch Lebensumstände gezwungen ist, etwas zu tun, was gegen diese Ideale verstößt. Solche Schwierigkeiten können in der Ehe oder im Beruf auftreten, je nachdem, ob er sich in der linken oder der rechten Hand befindet.

**Der mittlere Jupiterfinger-Abschnitt** (Abschnitt B): Dieser Fingerabschnitt stellt dar, wie Sie Ziele anstreben und Prioritäten setzen, wie wichtig Ihnen Statussymbole und Auszeichnungen sind; ob Sie den Wettbewerb genießen und ob Sie die materielle Anerkennung Ihrer Arbeit anstreben. Wenn dieser Abschnitt der stärkste in Ihrer Hand ist, dann sind Sie ein zielstrebiger Mensch, der weiß, wie Prioritäten zu setzen sind. Sie bekommen gerne einen Pokal, wenn Sie gewinnen. Sie blühen in einem Wettbewerb oder einem Wettkampf auf und lieben es, sich mit anderen zu messen. Wenn dieser Abschnitt aufgeblasen wirkt, dann sind Sie es manchmal vielleicht auch? Der neue Mercedes oder die Penthouse-Wohnung mit weißen Marmorböden spricht Sie an. Dann sollten Sie aufpassen, dass Ihnen der Schein nicht wichtiger wird als die Wirklichkeit, dass Sie keine Potemkin'schen Dörfer aufbauen, Fassaden, hinter denen keine Häuser stehen.

Wenn dieser Fingerabschnitt klein, kurz oder verschrumpelt ist, dann haben Sie Angst vor Erfolg. Oder vielleicht wissen Sie nicht, welche Ziele Sie sich setzen sollen. Oder Sie setzen falsche Prioritäten.

Es gibt auch noch eine weitere Form dieses Abschnitts, der aussieht wie ein Zelt ohne Dach oder ein Trapez. Richard Unger nennt ihn den Zelt-Palast. Wenn Sie am mittleren Jupiterfinger einen Zeltpalast haben, heißt es, dass Sie sich nicht entscheiden können, ob Sie lieber in einem Palast oder in einem Zelt wohnen möchten. Einmal wollen Sie der Besitzer der großen Yacht sein, ein anderes Mal rümpfen Sie die Nase über die Reichen und Schönen dieser Welt und sind stolz auf Ihr selbst gebautes Floß.

**Der untere Jupiterfinger-Abschnitt** (Abschnitt C): Dieser Abschnitt hat etwas mit Territorium und mit Konfrontation, aber auch mit Ehre und Tradition zu tun. Er ist normalerweise etwa 30% größer als alle anderen. Wenn er stark und lang ist, sind Sie ein Mensch, dem seine Familie und sein Grund und Boden wichtig sind. Sie sind bereit, dafür zu kämpfen und haben keine Angst vor der Auseinandersetzung mit Widersachern. Ihre Wünsche sind Ihnen klar, und Sie wollen Ihre Kraft dafür einsetzen, sich diese erfüllen zu können.

Wenn dieser Abschnitt aufgeblasen wirkt, dann haben Sie unter Umständen Probleme mit der Verteidigung Ihrer Grenzen, im wörtlichen und im übertragenen Sinn. Auch haben Sie die Tendenz, das Gras auf der anderen Seite des Zaunes grüner zu finden, als das in Ihrem eigenen Garten.

Wenn dieser Abschnitt schwach ist, dann sind Ihre Wünsche nicht im Gleichgewicht. Sie wünschen sich unter Umständen Dinge, die nicht zu Ihrem Leben oder zu Ihren Fähigkeiten passen, was dann zu Neid und Eifersucht führen kann.

**Der obere Saturnfinger-Abschnitt** (Abschnitt D): Dieser Fingerabschnitt repräsentiert alte Weisheiten und Wissenschaften: Forschung, Struktur des Abstrakten, das Mystische, Astrologie, Psychologie, Kosmologie, abstrakte Konzepte.

Ist er stark und gerade, deutet er auf einen Menschen hin, der eine Begabung und ein Interesse an den oben genannten Bereichen hat.

Ist er verletzt, d.h. ist er klein, schwach oder krumm, verkörpert er Sorgen und Pessimismus. Die Harmonie ist im Ungleichgewicht. Die Person könnte unter Zwanghaftigkeit leiden.

Lehnt er sich am Jupiterfinger an, sucht er bei diesem Kraft, neigt er sich in Richtung Apollofinger, braucht er mehr Vergnügen und Spiel, mehr Schönheit und Leichtigkeit des Seins.

**Der mittlere Saturnfinger-Abschnitt** (Abschnitt E): Hier wird die materielle Sicherheit dargestellt, das Heim im materiellen Sinne, die Versicherung.

Ist dieser Teil Ihres Saturnfingers schwach, kurz und dünn, können Sie vermutlich nicht besonders gut mit Geld umgehen. Sie fühlen sich unsicher, weil Sie nicht genug Geld auf der Bank haben. Sie haben ständig Angst, es könnte etwas geschehen, was Sie in finanzielles Verderben stürzt.

Ist dieser Abschnitt groß und klar definiert, dann fühlen Sie sich in materiellen Dingen sicher. Sie haben genügend Einkommen oder Sachwerte, um Ihren Wünschen entsprechend leben zu können.

**Der untere Saturnfinger-Abschnitt** (Abschnitt F): Dies ist der Abschnitt Ihrer moralischen Werte, der Verwurzelung in dieser Welt. Da es der unterste Abschnitt ist, geht es hier um das »Bauchgefühl«.

Wenn Sie einen starken unteren Abschnitt haben, haben Sie vermutlich hohe moralische Ansprüche an sich selbst und an andere. Sie sind auf der Erde gut verwurzelt und arbeiten zudem gerne im Garten. Der Umweltschutz ist Ihnen ein Anliegen, das heißt die moralische Verantwortung gegenüber Ihrem Fundament, der Erde.

Wenn dieser Abschnitt schwach ist, klein, schmal, kaum auf dem Abdruck sichtbar oder nicht mit der Hand verbunden, dann haben Sie ein wackliges Fundament, Ihre Wurzeln reichen nicht bis tief in die Erde.

Endet dieser Abschnitt in einer Verengung beim Fingeransatz, dann sind Ihre moralischen Werte zu steif, zu unbeugsam. Dann könnten Sie sogar ein Fanatiker sein, der auf sich selbst und andere moralisierend wirkt, unflexibel und hart.

**Der obere Apollofinger-Abschnitt:** (Abschnitt G): Dieser Abschnitt hat mit kreativen Konzepten zu tun, mit dem sicheren Geschmack und dem Sinn für Schönheit. Er repräsentiert auch das Kulturbewusstsein und das kritische Auge.

Ein starker Abschnitt verkörpert das Positive an diesen Aspekten. Sie haben Sinn für das Künstlerische und für Kultur, im weitesten Sinn des Wortes.

Wirkt dieser Abschnitt aufgeblasen und außergewöhnlich lang, dann sind Sie ein Exzentriker; Sie gehören nicht zur Norm, schwimmen nicht mit der Strömung mit. Dies kann durchaus sowohl positive als auch negative Aspekte haben. Sie wirken auf andere möglicherweise überspannt, exaltiert, kapriziös, extravagant. Sie können aber auch einfach anders als andere sein, sich durch besondere Begabungen von der Allgemeinheit absetzen.

**Der mittlere Apollofinger-Abschnitt** (Abschnitt H): Hier geht es um die Liebe zum Design, zum Beispiel in Form von Innenarchitektur, Modezeichnungen, Grafischen Darstellungen, Kunst und Kunsthandwerk, um das äußere Erscheinungsbild.

Ist der Mittelabschnitt stark, groß und breit, dann haben Sie einen besonderen Sinn für schöne Wohnungseinrichtungen. Sie haben ein gutes Auge für Proportionen und für das

Schöne, und/oder Sie könnten Mode oder Vasen entwerfen. Vielleicht nutzen Sie diese Begabung, um gut zu kochen und die Teller schön zu dekorieren oder um schöne Blumenarrangements zu zaubern. Vielleicht sind Sie ein Grafiker mit einem besonderen Auge für schöne Details.

Ist dieser Mittelabschnitt klein, schwach und gedrungen, dann haben Sie gerade wegen Ihrer äußeren Erscheinung kein großes Selbstvertrauen.

Sie fühlen sich wie ein hässliches Entlein. Sie haben das Gefühl, dass Sie »nicht dazugehören«, dass alle Sie verachten oder zumindest nicht beachten. Dieses Gefühl könnte durchaus aus der Zeit Ihrer Pubertät herrühren. Da hatten Sie vielleicht Pickel im Gesicht oder Sie hatten zu viel Speck auf den Hüften, und die Jungs fanden Ihre Freundin attraktiver als Sie. Die Zeiten sind vorbei!

Sie sind auf jeden Fall etwas ganz Besonderes, Einmaliges. Wenn Sie einmal Ihre Stärken kennen, und diese stehen unverkennbar in Ihren Fingern, dann können Sie Ihr Selbstvertrauen darauf aufbauen.

**Der untere Apollofinger-Abschnitt** (Abschnitt I): Bei diesem Abschnitt geht es um den gesellschaftlichen Umgang. Wie bewegen Sie sich in der Gesellschaft? Leidet Ihre Persönlichkeit, wenn Sie in Gesellschaft nicht die Beachtung finden, die Sie für sich selbst für angemessen halten? Sind Sie gewandt im Umgang mit anderen Menschen?

Ist dieser Abschnitt stark, dann können Sie die oben genannten Fragen positiv beantworten.

Wenn dieser Abschnitt dick und aufgedunsen wirkt, dann neigen Sie vielleicht dazu, sich selbst unangenehm in den Mittelpunkt zu rücken. Sie könnten sich auffällig und unangemessen kleiden, sich in jeder Hinsicht laut aufführen und andere verärgern und auf die Seite drängen.

Ist dieser Abschnitt klein und schwach, dann fühlen Sie sich wie ein Mauerblümchen, das sich gerne hinter einem Wandschirm und einem Fächer versteckt und hofft, dass es niemand bemerken wird.

**Der obere Merkurfinger-Abschnitt** (Abschnitt K): Dieser deutet darauf hin, wie Sie Ihre Gedanken und Gefühle mitteilen und ausdrücken können.

Wenn dieser Abschnitt lang und stark ist, sind Sie vermutlich ein brillanter Redner oder ein Autor, der in der Lage ist, seine Gedanken klar und wortgewandt auszudrücken. Sie könnten ein guter Marketing-Leiter sein, und Brainstorming (die Ideenfindung in der Gruppe) ist Ihre besondere Stärke, denn Sie sind auch bei der Teamarbeit geschätzt.

Ist dieser Abschnitt kurz, dann können Sie sich selber schlecht einschätzen. Die Kommunikation mit Ihnen selbst ist gestört. Meist unterschätzen Sie sich.

Wenn dieser Abschnitt stark gekrümmt ist, spielen Fragen des Misstrauens eine große Rolle. Da die Kommunikation gestört ist, missverstehen Sie andere und trauen ihnen deshalb nicht. Eine mögliche Reaktion, dieses Misstrauen in den Griff zu bekommen, könnte sein, dass Sie zur Manipulation greifen. Damit kämen Sie vom Regen in die Traufe.

**Der mittlere Merkurfinger-Abschnitt** (Abschnitt L): Dieser Abschnitt verkörpert das Verhandlungsgeschick, Systemanalyse, Strategien, den materiellen Bereich der Kommunikation.

Diese Zone ist normalerweise 25 % kleiner als alle anderen. Ist dieser Abschnitt stark und groß, dann haben Sie einen guten Geschäftssinn, ist er aber klein, schwach und gedrungen, dann sind Verhandlungen nicht Ihre Stärke. Überlassen Sie es lieber anderen, oder lernen Sie, damit umzugehen, in dem Wissen, dass Ihnen das Verhandeln nicht leicht fällt. »Verhandeln« kann auch im übertragenen Sinn verstanden werden. So kann ein Mensch mit einem schwachen mittleren Abschnitt durch Machtspiele versuchen, bei seinem Partner etwas zu erreichen, manchmal durch das Stellen von Ultimaten oder durch Wutanfälle.

**Der untere Merkurfinger-Abschnitt** (Abschnitt M): Dieser Abschnitt stellt die sexuelle Energie und die Fähigkeit zur Intimität dar.

Ist dieser Abschnitt groß und gut ausgebildet, sind starke Empfindungen vorhanden, und die sexuelle Energie findet ihren Ausdruck.

Wenn dieser Abschnitt aufgeblasen und zu groß wirkt, sind Sie jemand, der sich aus Unsicherheit in sexueller Hinsicht aufspielt.

Bei einem kleinen, verschrumpelten unteren Abschnitt versteckt sich die Person vor sich und anderen und will sexuelle Wünsche und Träume nicht wahrhaben.

## Zusammenfassung der Fingerabschnitte

| | | |
|---|---|---|
| **A** | **Oberer Jupiter** | Hohe Ideale, das höhere Selbst |
| **B** | **Mittlerer Jupiter** | Prioritäten, Zielsetzung, Statussymbole |
| **C** | **Unterer Jupiter** | Territorium, Konfrontation |
| **D** | **Oberer Saturn** | Alte Weisheiten und Wissenschaften, Zwanghaftigkeit, Pessimismus |
| **E** | **Mittlerer Saturn** | Materielle Sicherheit |
| **F** | **Unterer Saturn** | Moral, Ethik, Verwurzelung |
| **G** | **Oberer Apollo** | Kritisches Auge, kreative Konzepte |
| **H** | **Mittlerer Apollo** | Design, äußeres Erscheinungsbild |
| **I** | **Unterer Apollo** | Gesellschaftlicher Umgang |
| **K** | **Oberer Merkur** | Eloquenz, Brainstorming |
| **L** | **Mittlerer Merkur** | Verhandlungsgeschick, Strategien |
| **M** | **Unterer Merkur** | Sexualität, Intimität |

# Die Berge

Auf Ihrer Handfläche gibt es auch einige Berge, deren Zustand einen Einfluss auf Ihr Leben haben kann. Es werden verschiedene Zonen von Bergen, die Finger-Berge, der Mars-Berg, der Venus-Berg, der Mond-Berg, der Neptun-Berg, der Pluto-Berg unterschieden.

Sind die Berge voll und prall, dann ist ein reichhaltiger Vorrat an Energie vorhanden, der dem darüber stehenden Finger zur Verfügung steht. Wie gut diese Energie genutzt wird, zeigt der Zustand des Fingers an. Wenn dieser krumm und schwach ist, kann die Energie im Leben nicht wirksam eingesetzt werden. Meist ist die Farbe des Bergs ein gesundes Rosarot.

Sind die Berge schlapp, geschrumpft und flach, dann zeigt dies, dass die Energie des Bergs, zu dem der Finger gehört, aufgebraucht, erschöpft ist. Selbst wenn der Finger darüber groß und stark ist, wird wenig Energie vorhanden sein, um seine Aufgaben zu erfüllen. Die Haut eines solchen Bergs ist denn auch fahl und blass.

Auf den Bergen können sich, wie auch anderswo in der Hand, verschiedene Markierungen zeigen.

Die geläufigsten Markierungen und ihre Zonen sind in der Tabelle und der Abbildung auf der nächsten Doppelseite ersichtlich.

Der **Jupiter-Berg** (A) zeigt die vorhandene Energie für Ihre persönliche Kraft, gesunden Ehrgeiz, natürliche Autorität und Führungsbegabung auf.

| | |
|---|---|
| Ein **»X«** | zeigt Stress an. Sie werden Mühe haben, diese Energien in Ihrem Leben einzusetzen. |
| Ein **Stern** | kennzeichnet einen Energieschub. Die Energie innerhalb des Bergs steht Ihnen zur Verfügung und wird Ihnen helfen, Ihre Ziele zu erreichen. |
| Eine **Schachtel** | legt die Energien kurzfristig auf Eis. Sie sind vorhanden, können aber nicht abgerufen werden, sind eingeengt. |
| Ein **Gitter** | bedeutet, dass die Energie gleichzeitig vorhanden ist, aber auch zurückgehalten wird. |

Eine Person mit einem starken Jupiter-Berg in Kombination mit einem starken Jupiter-Finger hat Tag für Tag viel Jupiter-Energie und wird von ihrer Umgebung als besonders kraftvoll, tüchtig und führungsstark empfunden.

Ist Ihr Jupiter-Berg schwach, blass und schlaff, oder weist er einen Einschnitt auf, wird kaum natürliche Energie vorhanden sein, um andere zu führen oder im Leben viel zu erreichen, wie stark auch immer der Jupiter-Finger ist.

Der **Saturn-Berg** (B) stellt Ihre Energien in Bezug auf Verantwortlichkeit, Selbstwertgefühl, Sicherheit und den Abschluss von angefangenen Aufgaben dar.

Eine Person mit einem starken Saturn-Berg wird von ihrer Umgebung wahrgenommen als jemand, der außergewöhnlich zuverlässig, verantwortungsbewusst, auf innere Sicherheit bedacht ist, mit der Begabung, einmal Begonnenes auch zu einem guten Ende zu führen. Zu viel Saturn-Energie kann zum Phänomen des Atlas[6] führen, der die ganze Welt auf seinen Schultern trägt und kaum abschalten und an sich selbst denken kann.

Ein schwacher Saturn-Berg bringt ebenso Probleme mit sich wie ein Übermaß an Saturn-Energie. Da sich der Saturnfinger in der Mitte der Hand befindet, ist er der Ort des Gleichgewichts. Wenn Sie zu viel oder zu wenig Saturn-Energie haben, kann das zu großen Herausforderungen führen.

6 In der griechisch-römischen Sage: Riese, Träger des Himmels

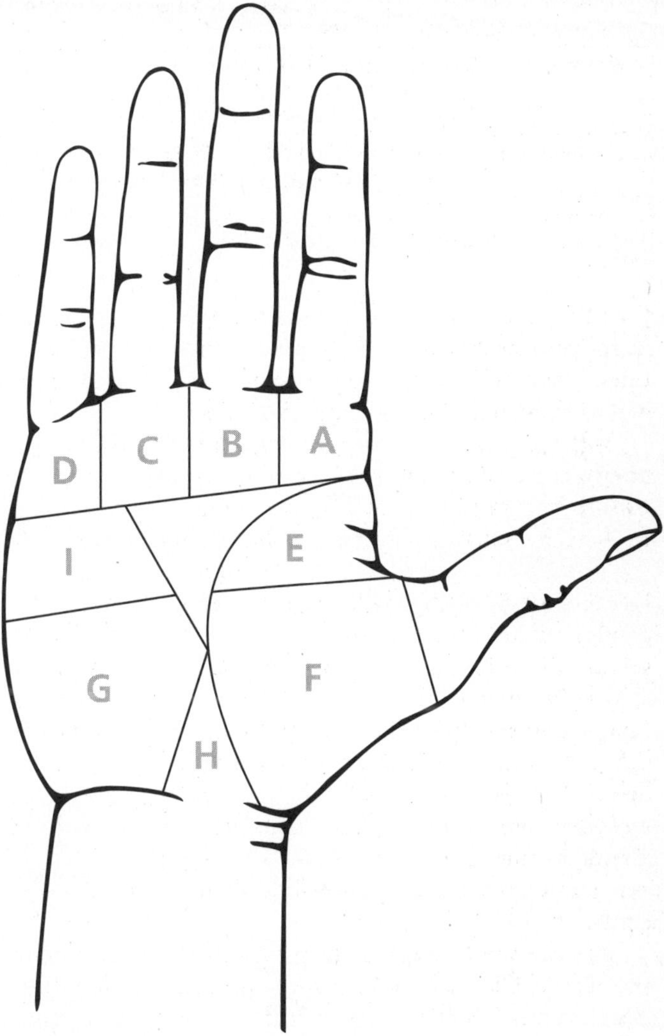


*Berge*

Die Energie des **Apollo-Bergs** (C) steht in Bezug zur Kreativität, zum Selbst-Ausdruck und weist auf das Thema Anerkennung durch die Umgebung hin.

Wenn Sie einen starken Apollo-Berg in Verbindung mit einem starken Apollo-Finger haben, wird Ihre Umgebung Sie als spontan, freundlich, künstlerisch, kreativ, erfinderisch und humorvoll empfinden. Sie werden viele originelle, kreative Ideen haben und werden sich wahrscheinlich in Kleidung, Aussehen und Handlungsweise von der Masse abheben.

Der **Merkur-Berg** (D) zeigt die Energie an, die für Ihre innere Wahrheit, Intimität, Sexualität und Ihr Verständnis für den spirituellen Weg vorhanden ist.

Ein starker Merkur-Berg enthüllt eine starke innere Stimme, welche hilft, ehrlich zu kommunizieren, auch in intimen Situationen. Eine solche Person wird von ihrer Umgebung als einfühlsam, klug, scharfsinnig, redegewandt und mit Tiefgang wahrgenommen.

Die Energie des **Mars-Bergs** (E) ist eine Verbindung des handlungsfreudigen Daumens und der persönlichen Kraft von Jupiter. Am besten kann man diese Eigenschaften als kämpferisch und tatkräftig im positiven Sinn bezeichnen. Ein starker Mars-Berg weist auf eine Person hin, die Herausforderungen des Lebens mit Selbstbewusstsein und Selbstvertrauen anpackt.

Der **Venus-Berg** (F) ist der Ort, wo die Energie des Herzens abgebildet ist: Liebe, Anteilnahme, Mitgefühl, aber auch die Sexualität und die Sinnlichkeit. Ein starker Venus-Berg ist besonders wichtig, wenn andere Faktoren in der Hand sehr stark ausgeprägt sind. Insbesondere wenn es sich um die Führungseigenschaften oder das Streben nach Erfolg handelt. Denn eine starke Führungspersönlichkeit wird leicht zu einem Tyrannen, wenn sie kein Mitgefühl für ihre Mitmenschen besitzt. Und Erfolg kann jemandem zu Kopfe steigen, wenn er andere Menschen nicht mit Liebe und Mitgefühl daran teilhaben lässt.

Dem **Mond-Berg** (G) wohnt die subtilste und instinktivste aller Energien inne. Es ist die Energie, die ihren Ausdruck in der Intuition und der Fantasie findet. Linien und Zeichen, die von einem vollen Mond-Berg ausgehen oder auf ihm enden, beziehen viel Energie von ihm und haben einen hohen Stellenwert in der Hand.

Der **Neptun-Berg** (H) liegt zwischen dem Mond- und dem Venus-Berg nahe der Handwurzel. Neptun-Energie ist Wasser-Energie; es geht um tiefe Gefühle, die mit dem kollektiven Unbewussten nach C.G. Jung in Verbindung gebracht werden können. Hier werden emotionale Themen angesprochen, die das Menschsein an und für sich betreffen. Die Bedeutung des Neptun-Bergs in der Handanalyse ist bisher nur bruchstückhaft erforscht und so komplex, dass ich hier nicht näher darauf eingehen möchte.

Der **Pluto-Berg** (I) befindet sich zwischen dem Mond- und dem Merkur-Berg. Pluto hat mit Transformation zu tun, dem »Stirb und Werde«, dem Phönix aus der Asche. Wenn der Pluto-Berg unauffällig ist, steht dieser Bereich, wie bei den meisten Menschen, nicht im Vordergrund. Viel Pluto-Energie hingegen kann die Welt verändern. Im negativen Sinn kann die Pluto-Energie zerstörerisch wirken wie die Atombombe.

Der Dalai-Lama besitzt viel Pluto-Energie, und es fühlen sich viele Menschen von ihm angesprochen. Ein afrikanisches Sprichwort sagt: »Wenn viele kleine Menschen an vielen kleinen Orten viele kleine Schritte tun, verändert sich die Welt.« Daher ist die Pluto-Energie des Dalai-Lama vielleicht stark genug, die Welt zu verändern.

# Die Linien

Die Handlinien sind wohl die auffälligsten Zeichnungen in der Hand. Es gibt vier Hauptlinien und viele Nebenlinien. Die vier Hauptlinien sind die Herzlinie (Linie A), die Kopflinie (Linie B), die Lebenslinie (Linie C) und die Karriere- oder Saturnlinie (Linie D). Man nimmt an, dass die Herzlinie von der Außenkante der Hand, gegenüber vom Daumen, gegen den Daumen hin wächst. Die Kopflinie beginnt oberhalb des Daumens und wächst Richtung Außenkante. Die Lebenslinie hat zwei Ausgangspunkte und verläuft gleichzeitig von oben nach unten und von unten nach oben. Die Saturnlinie wächst von der Handwurzel gegen den Saturnfinger hin.

## Die Lebenslinie

Die Lebenslinie hat nicht, wie gemeinhin angenommen, etwas mit der Länge des Lebens zu tun, sondern eher mit der Verwurzelung auf dieser Erde, in der Familie, im Körper.

Eine Lebenslinie ist lang, wenn sie von oberhalb des Daumens bis zur Handwurzel verläuft. Wenn sie lang und schön geschwungen ist, dann deutet das nicht auf ein langes Leben, sondern auf eine gute Verwurzelung hin. Die Verwurzelung kann etwas mit einem guten Körpergefühl zu tun haben und/oder mit dem Urvertrauen und Selbstwertgefühl, dessen Basis in der Kindheit gelegt wird. Sie zeigt, dass diese Person mit dem Strom des Lebens fließen und Schicksalsschläge mit Mut

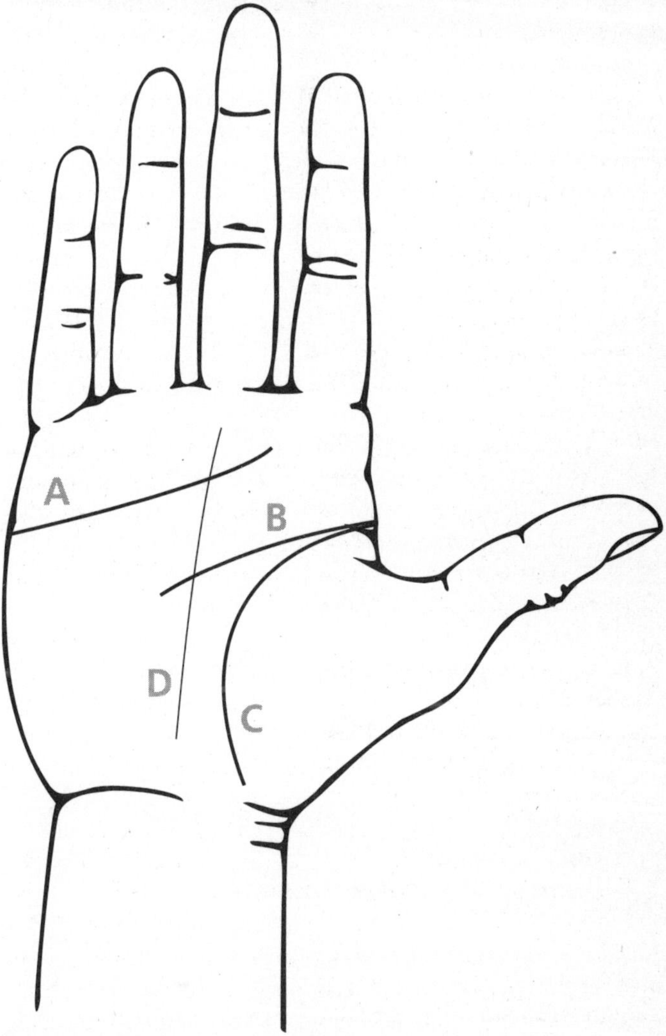


*Grundform*

und Zuversicht verkraften kann. Es geht um Lebensenergie, im buchstäblichen wie übertragenen Sinn.

Ist die Lebenslinie kurz – das heißt sie endet weit über der Handwurzel – oder nur schwach gezeichnet, dann ist wenig Energie vorhanden, die Verankerung im Leben ist schwach. Bereits kleine Probleme können diese Menschen umwerfen. Die vorhandene Energie wird gebraucht, um die eigenen Herausforderungen und die, welche sich vielleicht durch eine Familie ergeben, anzunehmen. Es bleibt wenig Kraft für die Mitmenschen übrig. Diese Menschen haben genug zu tun, um ihren Alltag zu bewältigen.

Eine gebrochene Lebenslinie stellt Unruhe und Hyperaktivität dar. Eine doppelte Lebenslinie spricht von viel Stehvermögen und Intensität.

Es werden zwei Ursprungsorte der Lebenslinie unterschieden: der obere zwischen Daumen- und Jupiteransatz, und der untere bei der Handwurzel.

Am **oberen Ende** kann die Lebenslinie an verschiedenen Orten ansetzen:

- Fängt sie hoch oben, **nahe beim Ansatz des Jupiter** (Linie A) an, und läuft sie mit großem Schwung rund um den Daumenballen, dann gehört sie einem Menschen, der durch den gesunden Ehrgeiz und die hohen Ideale von Jupiter beeinflusst wird. Eine solche Lebenslinie umfasst sowohl den Venus-Berg als auch einen großen Teil des unteren Mars und bezieht zusätzlich noch Energie vom Mond. Ein Mensch, der eine hochangesetzte Lebenslinie hat, ist voller Lebensenergie und -ideale und ist dafür offen, aus dem Vollen des Lebens zu schöpfen.
- Fängt die Lebenslinie **nahe beim Daumen** (Linie B) an, hat diese Person nur wenig von den ehrgeizigen Zielen des Jupiter mitbekommen. Meist ist auch der Schwung um den Venus-Berg nicht so groß, das heißt, dass die für Liebe und Anteilnahme vorhandene Energie auch geringer ist. Ein Mensch mit solcher Lebenslinie könnte versuchen, seine

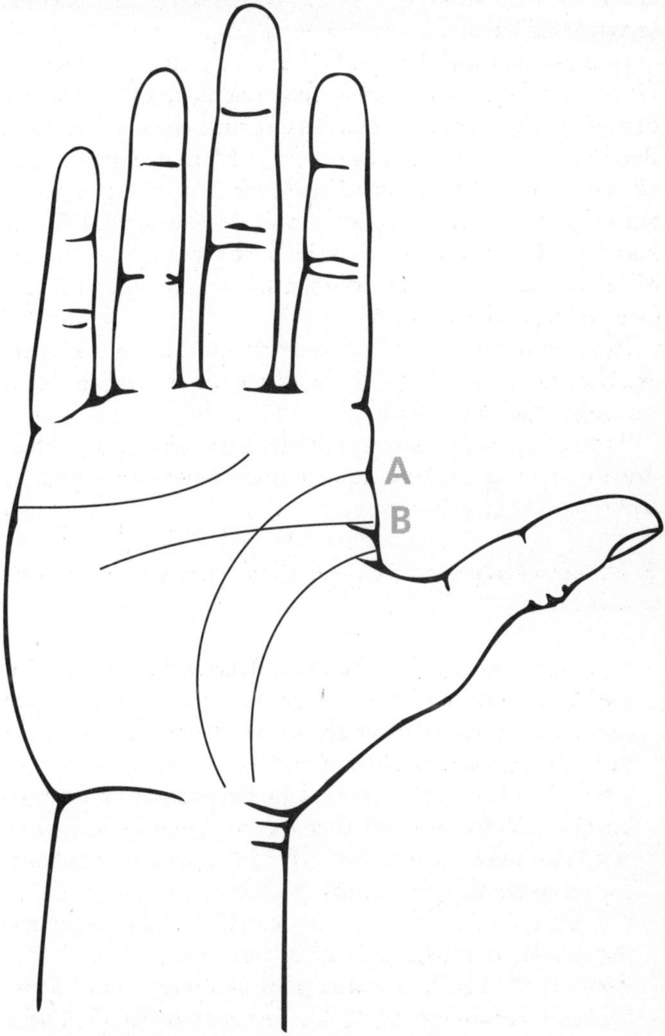


*Lebenslinie: Ursprung oben*

Lebensenergie positiv und liebevoll umzusetzen und ein größeres Interesse für andere Menschen und seine Umwelt zu entwickeln.

Für den **unteren Ursprung** möchte ich auf drei Punkte eingehen:

- **Punkt A** liegt nahe beim Daumen und schränkt den Venus-Berg ein. Diese Person wird sich auch nicht sehr weit in die Welt hinauswagen und kein abenteuerliches Leben führen wollen, sondern sich eher an die Sicherheit und Unterstützung der Familie halten. Anteilnahme und Mitgefühl dürften vermindert sein, je nachdem, wie tief unten eine solche Lebenslinie angesetzt ist. Menschen, bei denen die Lebenslinie nahe beim Daumen beginnt, sollten lernen, ihre Gefühle nicht auf Eis zu legen oder in emotionale Lustlosigkeit zu verfallen. Sie sollten sich vielmehr in Situationen hineinbegeben, die ihnen gefühlsmäßige Reaktionen abverlangen, statt ihnen aus dem Weg zu gehen.
- **Punkt B** ist Standard. Ein Mensch mit diesem Ursprung der Lebenslinie wird viel Liebe und Sympathie für andere Menschen empfinden können. Er wird sich gerne in Abenteuer begeben, aber nicht im Übermaß, und er wird ebenso gerne wieder in den Schoß der Familie und des sicheren Heims zurückkehren.
- **Punkt C** ragt weit in den Mond-Berg hinein und weist auf einen unabhängigen, unkonventionellen Geist hin. In früheren Zeiten nannte man diese Art Linie »Tod in einem fremden Land«. Im übertragenen Sinn bedeutet das, dass diese Person nicht nahe bei ihrem Ausgangspunkt bleiben wird. Sie will in jeder Hinsicht neue Wege gehen. Diese Lebenslinie umfasst ein großes Stück des Venus-Bergs und beginnt auf dem Mond-Berg. Anteilnahme, Liebe, Mitgefühl prägen diesen Menschen, aber auch Instinkt und Fantasie. Diese Menschen sollten sich niemals mit anderen vergleichen oder sich nach den Regeln anderer richten. Sie sollten ihren eigenen Weg suchen, das Leben voll auskos-

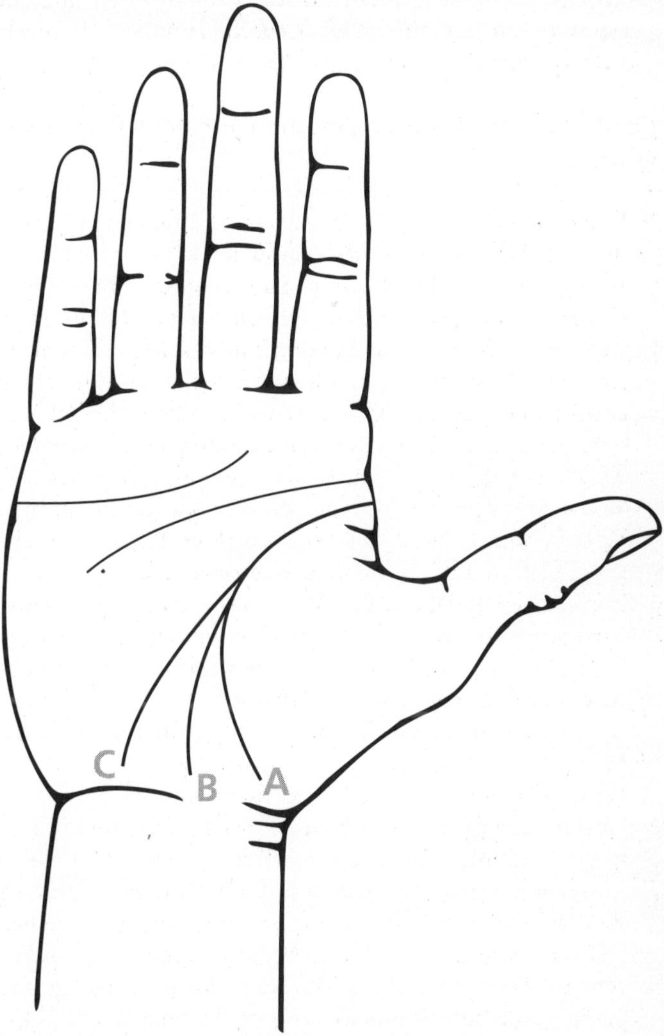


*Lebenslinie: Ursprung unten*

ten und ständig ihren Horizont erweitern. Wenn ihre Lebensumstände sie einschränken, können sie das Abenteuer in ihrer Fantasie leben und andere Wege suchen, um auf ihre Kosten zu kommen.

## Die Herzlinie

Bei den Herzlinien unterscheidet man vier Typen. Den Herzlinien können auch die vier Elemente zugeordnet werden: Erde, Luft, Feuer, Wasser, denn die Eigenschaften, die für die Grundtypen gelten, treffen auch für die Herzlinie zu. Bei der Herzlinie weisen die Grundeigenschaften aber auf die Beziehungen zum Partner, zur Familie, zu engen Freunden hin.

Pamelah Tablak[7] nennt die kurze gebogene Herzlinie, die zwischen dem Zeige- und Ringfinger endet, die »Leidenschaftliche«. Die lange gebogene Herzlinie, die unter dem Jupiterfinger endet, nennt sie das »Große Herz«. Die kurze gerade Linie wird als »Einsiedler, Freiheitlicher« bezeichnet, während die lange gerade Linie, die unter dem Jupiterfinger endet, als »romantischer Idealist« gilt. Lang ist eine Herzlinie, wenn sie von der äußeren Handkante unter dem Merkur bis etwa zur Mitte des Jupiterfingers reicht. Kurz ist sie, wenn sie bis zu einem Punkt zwischen Jupiter und Saturn, oder sogar nur bis unter die Mitte des Saturnfingers geht.

Der **Leidenschaftliche** (Linie A) ist feurig, aktiv, intensiv, impulsiv, von starken Reaktionen und Emotionen geprägt, also ein Feuer-Typ. Er ist praktisch veranlagt, charmant, aufregend, energisch, echt, dramatisch, lebhaft. Er weiß immer gleich, was er will, und er will es sofort. Er kann nicht verstehen, dass andere Menschen nicht so sind wie er, und neigt deshalb dazu, andere zu überfahren. Was er im Leben braucht, ist Aufregung, Tatendrang und Aufmerksamkeit. Nichts hasst er

7 Pamelah Tablak, Master Hand Analyst, »Your Heart is In Your Hands«, The Hands Company, 2005. www.HandsOnCompany.com

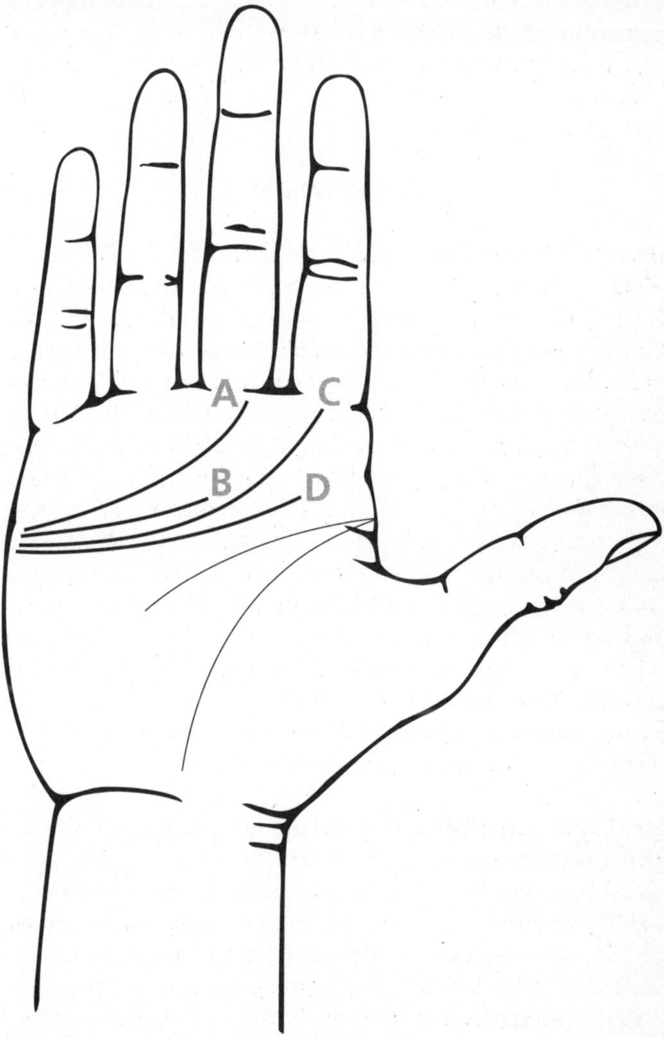


*Herzlinien*

mehr als langweilige Menschen und Orte, Routine-Arbeit, vorhersehbare Gespräche oder Aktivitäten und Einsamkeit.

Ein Mensch mit dieser Herzlinie ist aufgerufen, die Gefühle anderer zu verstehen zu versuchen und ernsthafte, wirklichkeitsnahe Pläne für die Zukunft zu schmieden.

Wenn er lernt, nichts von seinem Charme und seiner Lebendigkeit zu verlieren, sich so zu verhalten, wie es ihm am besten liegt, und gleichzeitig einen Moment innehält, um sich in andere zu versetzen und ihnen gegenüber rücksichtsvoll zu reagieren, so lebt er seinen Typ am glücklichsten.

Der **Freiheitliche, der Einsiedler** (Linie B) zeigt seine Gefühle durch Taten. Er ist stoisch, loyal und verlässlich, wie der Erd-Typ. Seine Reaktionen sind berechenbar, und er liebt es, wenn er die Dinge unter Kontrolle hat. Die Forderungen anderer an ihn sind für ihn ein Problem, und am meisten hasst er Schlingpflanzen, gegen die er sich nicht zu wehren weiß. Er braucht dringend Zeit für sich allein, um sich zu regenerieren.

Der Einsiedler sollte aus seiner Höhle herauskommen und sich um die Bedürfnisse anderer, seines Partners, seiner Kinder, seiner Freunde kümmern.

Das **Große Herz** (Linie C), ein Wasser-Typ, ist anpassungsfähig, emotional, fürsorglich, warmherzig, mitfühlend und ein guter Zuhörer. Er liebt es, sich mit anderen Menschen und der ganzen Welt verbunden zu fühlen und teilt darum gerne, was er hat, mit anderen. Von ihm werden kranke Vögel und Katzen gesund gepflegt. Beziehungsprobleme tauchen auf, wenn sich der Partner dieses Menschen daran gewöhnt hat, immer etwas ohne Gegenleistung zu bekommen. Das Große Herz wird dann unglücklich und fühlt sich enttäuscht, weil andere nicht nur immer geben können. Diese Menschen haben Angst vor Vereinsamung und davor, verlassen zu werden. Eine besondere Abneigung hegen sie gegen Unehrlichkeit.

Personen mit dieser Herzlinie sollten lernen, an sich selbst zu denken, sich selber Gutes zu tun. Eine Anregung für sie wäre, etwas von anderen zu verlangen und sich dabei nicht schlecht zu fühlen. Schließlich darf man ohne Schuldgefühle auch einmal etwas von anderen annehmen.

Der **Romantische Idealist** (Linie D) ist ein Luft-Mensch. Er analysiert seine Beziehungen und ist dabei sehr romantisch und idealistisch. Er ist wenig spontan und lässt sich bei seinen Entscheidungen nicht von seinen momentanen Gefühlen lenken. Wenn der romantische Idealist Verpflichtungen oder auch Beziehungen eingeht, wird er gerecht, verlässlich und achtsam damit umgehen. Sein oberstes Gebot ist, sich selbst und seinen Partner zu verstehen. Auch seine anderen Beziehungen möchte er mit dem Kopf erfassen können. Warum funktioniert dies oder das beim einen und beim anderen nicht? Wie soll er sich verhalten, damit es nicht zu einem Streit kommt? Unfrieden und Streit sind ihm ein Horror. Hingegen liebt er stundenlange Diskussionen über Gott und die Welt.

Der romantische Idealist könnte versuchen, spontaner auf Situationen zu reagieren und nicht jede Reaktion des anderen voraussehen zu wollen. Meistens reagiert ja der andere nicht so, wie er sich das in seinen Gedanken ausgemalt hat. Darum sollte er lernen, seinem Partner seine Reaktionen und Gefühle zu zeigen, und von der Erwartung Abschied nehmen, dass dieser ihn ohne Worte versteht.

## Die Kopflinie

Die Länge der Kopflinie wird vom Saturnfinger aus bestimmt. Hört die Linie vor der imaginären Mittellinie auf, wird sie als kurz bezeichnet, ragt sie bei einem Erwachsenen mehr als 1,5 cm über die Mittellinie hinaus, ist sie lang.

Bei der Kopflinie achtet man zuerst auf den **Ursprung.** Je größer der Abstand zwischen dem Ursprung der Lebenslinie und der Kopflinie ist, desto unabhängiger ist die Person, je länger die Kopflinie mit der Lebenslinie verbunden bleibt, desto familienorientierter ist ein Mensch.

- Ist der **Abstand übermäßig groß** (Linie A), kann man von einem gewissen Eigensinn sprechen. Sehr wahrscheinlich hat sich dieser bereits im Kindesalter gezeigt.
- Ist die Kopflinie **deutlich von der Lebenslinie** (Linie B) **getrennt,** hat man einen auf Unabhängigkeit bedachten Menschen vor sich, der sich nicht an Traditionen nur der Traditionen wegen hält. Er wird lockeren Kontakt mit seiner Ursprungsfamilie führen, unter Umständen wird er auch in einer Partnerschaft in großem Maße die Unabhängigkeit und Freiheit suchen. Einen solchen Menschen darf man niemals anzubinden versuchen, sonst verliert man ihn nur ganz.
- Die meisten Kopflinien sind **mit der Lebenslinie verbunden.** Als ausgewogen kann eine kurze Berührung oder Verbundenheit mit der Lebenslinie betrachtet werden. Familienwerte und Traditionen sind wichtig, bestimmen aber das Leben nicht.
- Wenn die Kopflinie ihren Ursprung **innerhalb der Lebenslinie** hat (Linie C), hat die Person meistens feste Überzeugungen, von denen sie sich nicht leicht abbringen lässt. Diese Eigenschaft könnte sogar in Streitlust ausarten.
- Eine Kopflinie, die über eine lange Strecke **mit der Lebenslinie verbunden** bleibt (Linie D), zeigt einen Menschen, der sehr stark von der Meinung der Familie abhängig ist. Er wird Schwierigkeiten bekunden, eigene von der Familie unabhängige Projekte anzupacken oder Führungseigenschaften zu zeigen.

Den **Verlauf** der Kopflinien zeigt die Abbildung auf Seite 77. Wie bereits bei den Herzlinien beschrieben, deuten gerade Linien eher auf eine rationale und kopflastige Person hin, während geschwungene Linien gefühlsbetonter Natur sind. Mit den Kopflinien verhält es sich ähnlich.

- Eine **schnurgerade Kopflinie** (Linie E) weist auf ein logisches, lineares, analytisches, rationales, objektives Denken hin.

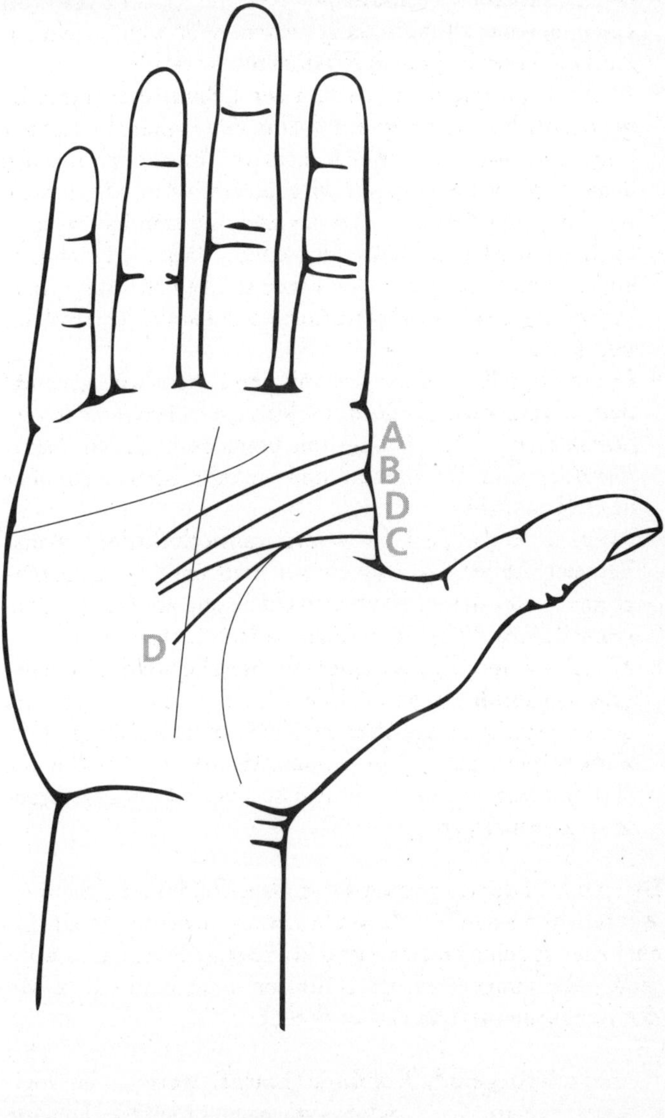


*Kopflinien, Ursprung*

- Eine **geschwungene Kopflinie** (Linie F) zeigt einen kreativen Denkprozess an. Da sie von der Mond-Energie beeinflusst wird, ist das Denken fantasievoller, subjektiver.
- Wenn die **Kopflinie am Ende kurz nach oben »peitscht«** (Linie G), kommt die Person schnell auf den Punkt und weist ein sezierendes Denken auf. Das könnte auch zu Rücksichtslosigkeit anderen gegenüber führen, was sich gerade in Führungspositionen negativ auswirken könnte. Deshalb sollte sie lernen, ihre Kritik in angemessenem Ton vorzutragen.
- Schwingt sich eine **Kopflinie in die Richtung des Mond-Bergs** (Linie H), könnte sie ein ausgesprochen fantasievolles, kreatives, spirituelles Denken offenbaren. Diese Linie wird die »Persephone«-Linie[8] genannt, und ich werde im Kapitel über die Begabungszeichen näher auf sie eingehen. Wenn die Wichtigkeit dieser Linie nicht erkannt wird, könnte die entsprechende Person eine Depression entwickeln. Indem sie selber anderen Menschen hilft und sich mit ihren Problemen auseinander setzt, könnte sie den Weg aus ihrer eigenen Depression finden.

Die **Länge** der Kopflinie bezeugt die Länge der Denkprozesse.

- Eine **kurze Kopflinie** zeigt einen Menschen mit einem Schwarzweiß-Denken, der nicht lange über etwas nachsinnt, sondern sehr schnell Entscheidungen trifft. Dies kann positiv oder negativ sein. Die Länge der Kopflinie sagt nichts über die Qualität der Entscheidungen aus. Menschen mit kurzen Kopflinien sind herausgefordert, ihre Sicht der Dinge zu erweitern und mehrere Entscheidungsmöglichkeiten in Erwägung zu ziehen.
- Eine Person mit einer **langen Kopflinie** hat die Tendenz, über alles sehr lange nachzudenken. Sie hat ein aktives Ge-

8 Persephone aus der griechischen Sage ist die Tochter der Göttin der Fruchtbarkeit und Ernte, Demeter, und Gattin von Hades, dem Gott der Unterwelt.

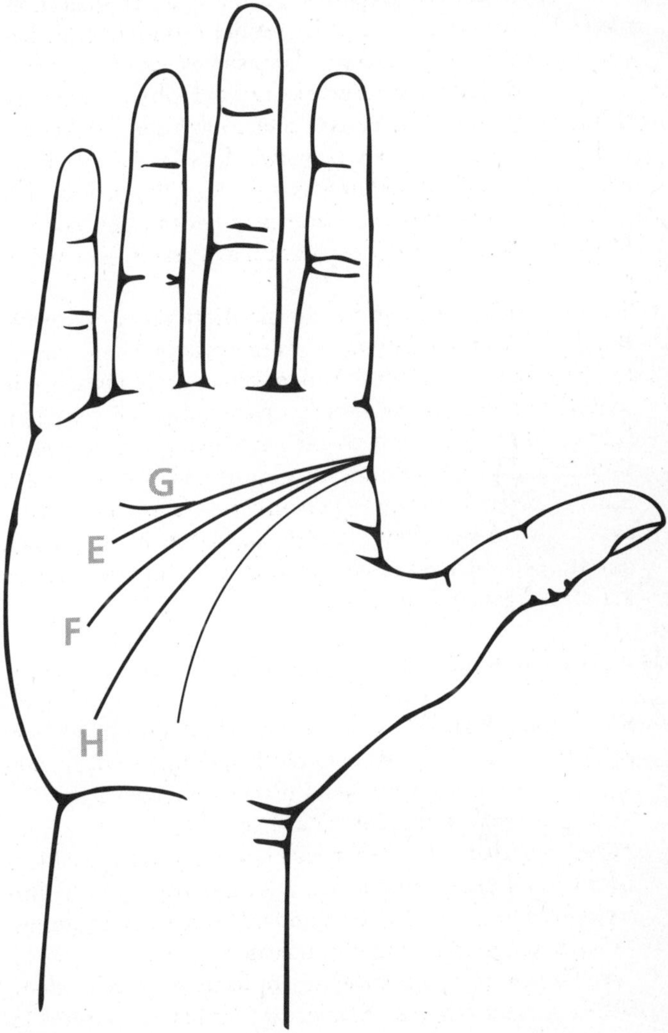


*Kopflinien, Verlauf*

hirn und wird alle Möglichkeiten und Wege prüfen. Sie kann verschiedene Interessen unter einen Hut bringen und ist oft wissenschaftlich tätig. Die Herausforderung für eine Person mit einer langen Kopflinie ist, sich nicht im Labyrinth der vielen Möglichkeiten zu verlieren. Sie sollte sich auch daran erinnern, mit anderen Menschen nicht nur intellektuell, sondern auch emotional zu kommunizieren.

- Die **Affen- oder Simianfalte** heißt so, weil Affen keine getrennten Herz- und Kopflinien haben. Sie ist eine Kombination der Kopf- und Herzlinien. Dieser Mensch denkt mit dem Herzen und fühlt mit dem Kopf. Er ist sehr intensiv und sehr konzentriert in allem, was er tut. Er ist rastlos und ständig in Bewegung. Ein Simian hat oft Mühe, sich so auszudrücken, dass ihn andere Menschen verstehen, insbesondere dann, wenn es um Gefühle geht. Ich werde im Kapitel über die Begabungszeichen näher auf die Simianfalte eingehen (vgl. Seite 103).
- Eine Kopflinie, die so lang ist, dass sie erst kurz vor der Handkante aufhört, ist wie ein **Super-Computer**. Diese Person braucht komplexe, große, für sie interessante, geistige Herausforderungen. Ihr Gehirn ist wie ein Tintenfisch, der in der Lage ist, zehn verschiedene Dinge auf einmal zu denken. Auch auf diese Linie werde ich im Kapitel über die Begabungszeichen näher eingehen (vgl. Seite 106).

## Die Saturnlinie

Als Saturnlinie wird die Linie bezeichnet, die bei der Handwurzel beginnt und in Richtung Saturnfinger geht. Die Saturnlinie wird auch Schicksals- oder Karrierelinie genannt. Sie repräsentiert die Lebensaufgabe, die Arbeit, den Beruf sowie auch das Verantwortungsgefühl und die Zielgerichtetheit. Wichtig für die Saturnlinie sind ihr Ursprung und ihr Ziel. Eine Saturnlinie kann durch andere Linien wie die Herzlinie oder die Kopflinie angehalten oder gebrochen werden.

- Beginnt die Saturnlinie **innerhalb der Lebenslinie** im Venus-Berg nahe der Handwurzel (Linie A), so ist der Einfluss der Familie auf die Karriere sehr stark. Dies kann positiv oder negativ, als Unterstützung der Familie oder als Kontrolle durch die Familie betrachtet werden. Eine Herausforderung für einen Menschen mit dieser Linie ist es, sich möglichst unabhängig von Familientraditionen selbständig über seine Lebensziele und seinen Beruf Gedanken zu machen.
- Wenn die Saturnlinie **mit gebührendem Abstand zur Lebenslinie** in der Mitte der Hand klar und gerade dem Mittelfinger (Linie B) zustrebt, so gehört sie einem Menschen, der sich motivieren und verwirklichen kann. Er trägt Ver-

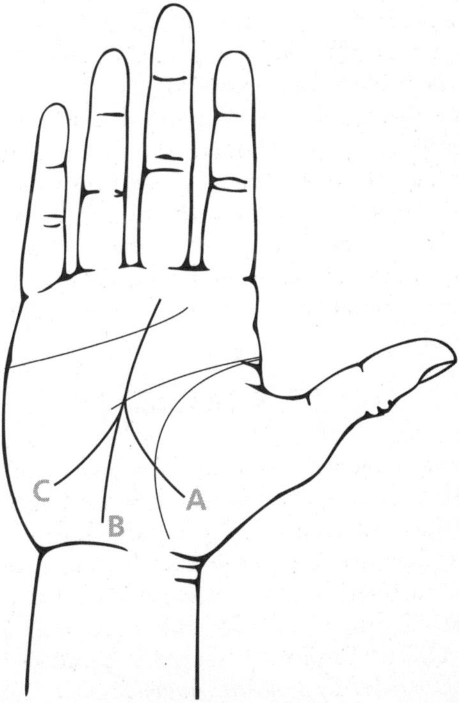

*Saturnlinie, Ursprung (1)*

antwortung für sich selbst, seine Taten und seine Mitmenschen.

- Eine Saturnlinie, die **im Mond-Berg beginnt** (Linie C), deutet auf Fügungen des Schicksals, die so genannten »Zufälle«, das Streben nach Spiritualität. Der Einfluss von anderen Menschen ist sehr groß, der der Familie hingegen kleiner. Abenteuerlust und die Erforschung anderer Länder, Sitten, Menschen werden ebenfalls groß geschrieben. Eine Herausforderung für diese Menschen ist, ihr eigenes Lebensziel zu finden und ihr Leben nicht von anderen oder vom Zufall dirigieren zu lassen.

- Ist die Saturnlinie im Bereich der **Handwurzel** und höher mit der Lebenslinie (Linie D) **verbunden,** deutet dies auf die Thematik der Unabhängigkeit vom Einfluss der Familie hin.
- Ist **keine oder nur eine schwache** Saturnlinie vorhanden, deutet dies auf eine Person hin, die keine Ziele im Leben verfolgt und gerne »herumhängt«.
- Beginnt die Saturnlinie **hoch oben in der Mitte der Hand** direkt unter der Kopflinie (Linie E), gehört sie einem Spätzünder. Er ist kein sehr guter Initiator, vielleicht hat er deswegen auch Mühe, Aufgaben zu Ende zu führen.
- Beginnt die Saturnlinie **hoch auf der Lebenslinie** direkt unter der Kopflinie (Linie F), deutet sie auf den »Ewigen Studenten« hin. Der ewige Student sollte sich überlegen, ob er nicht das Gelernte gelegentlich in die Tat umsetzen möchte, statt immer weiter neue Sachen zu lernen.

- Wenn die **Herzlinie die Saturnlinie stoppt** (Linie G, Abbildung auf Seite 82), stehen die Gefühle mit der Geradlinigkeit der Karriere oder der Zielerreichung in Konflikt. So könnte eine geschäftlich erfolgreiche Frau ihren eigenen Beruf aufgeben, um mit ihrem Mann in ein anderes Land zu ziehen, weil seine Karriere dies verlangt.
- Bricht die **Kopflinie die Saturnlinie** ab (Linie H), langweilen die vielen Einzelheiten, Regeln und Einschränkungen

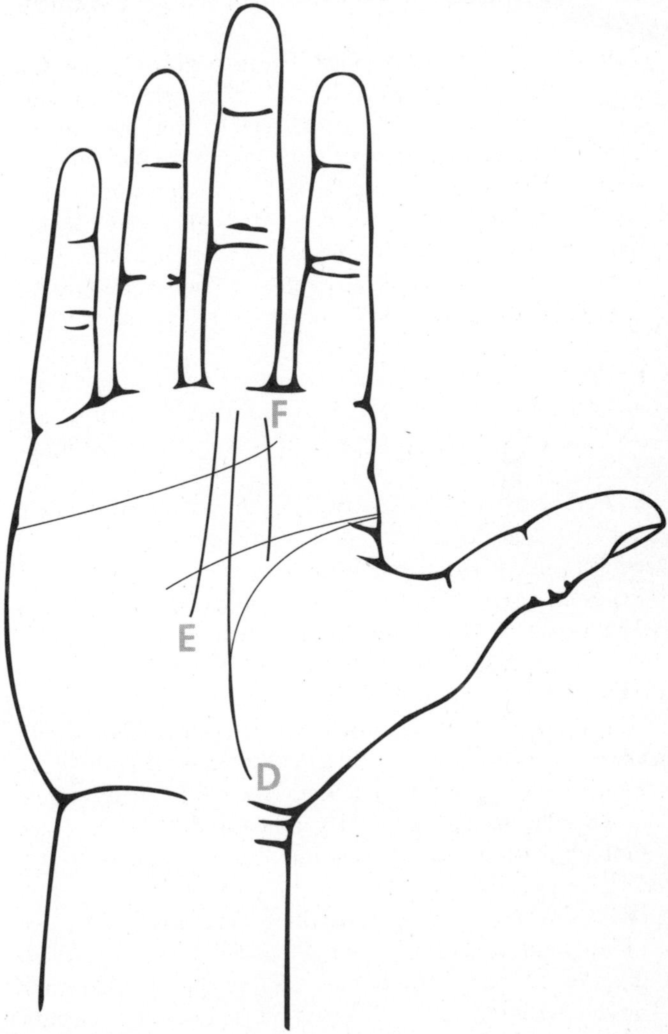


*Saturnlinie, Ursprung (2)*

ihres Berufes diese Person. Diese Menschen kommen in der Regel besser beruflich voran, wenn sie sich selbständig machen, als wenn sie sich an die Regeln anderer halten müssen.

- Ändert die Saturnlinie oberhalb der Herzlinie ihre Richtung und **endet unter dem Apollofinger** (Linie I), wird die Arbeit von Kreativität dominiert. Kreativität ist in diesem Falle wichtiger als Zuverlässigkeit.
- **Endet** die Saturnlinie **unter dem Jupiterfinger** (Linie K), ist die Person getrieben von Ehrgeiz und Motivation, das gesetzte Ziel zu erreichen. Sie wird ihre ganze Energie einsetzen, um eine optimale Leistung zu vollbringen.

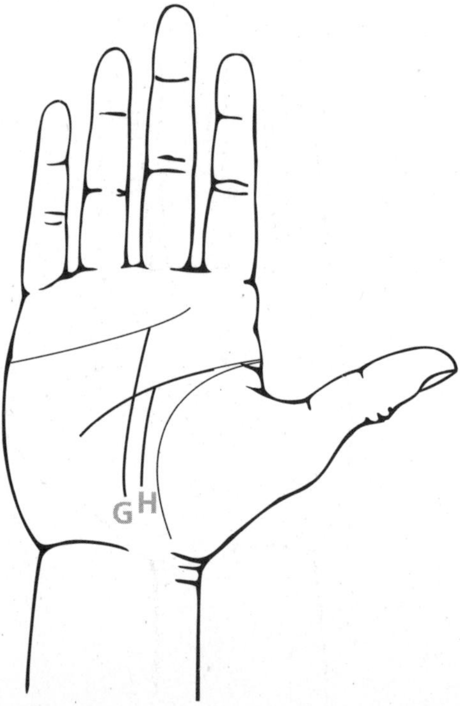


*Saturnlinie, Stopp*

- Manchmal ist die **Saturnlinie geteilt,** so dass statt zwei Linien, nämlich eine Saturnlinie und eine Lebenslinie, drei Linien (L-Linien) sichtbar sind. Eine solche Konstellation deutet auf eine Sinnsuche hin. Die Person mit drei Linien sollte eine Mission in ihrem Leben finden, sonst wird sie ständig den Beruf wechseln, auf der Suche nach einer sinnvollen Tätigkeit, die ihre Unruhe und innere Leere ausfüllen kann.
- Verläuft die Saturnlinie über die ganze Handfläche oder nur über einen Teil **doppelt und parallel,** so deutet dies auf mehrere Berufe oder Karrieren hin. Ist der Abstand bei der doppelten Saturnlinie eng, kann dies auch nur sehr harte Arbeit bedeuten.

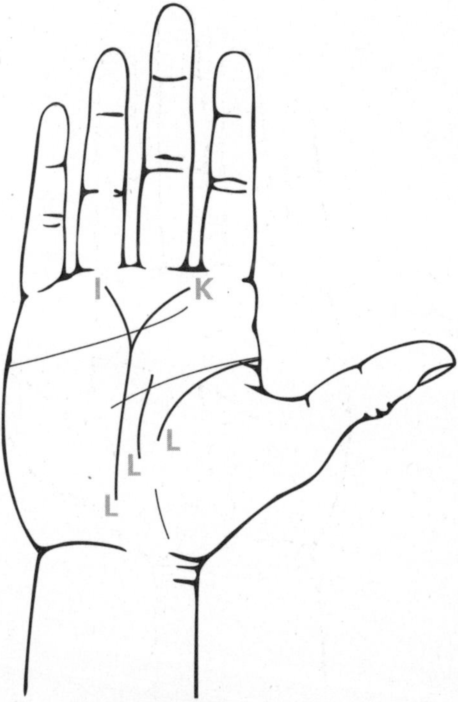


*Saturnlinie, Verlauf*

## Weitere Linien

Neben diesen vier Hauptlinien gibt es noch viele kleine und größere Linien in einer Hand. Wichtig ist ihre Lage. Die oben beschriebenen Hauptlinien gibt es in irgendeiner Form in den meisten Händen. Die Nebenlinien sind nicht in allen Händen vorhanden.

Eine **Jupiterlinie** (Linie A) hat ähnliche Eigenschaften wie eine Saturnlinie, die unter dem Jupiterfinger endet.

Eine **Apollolinie** (Linie B) beginnt meistens erst über der Herzlinie und ist relativ kurz. Sie steht für Gestaltungsdrang, dem Bedürfnis nach Selbst-Ausdruck, Anerkennung und Applaus. Sind mehrere Apollolinien vorhanden, ist meist eine Verwirrung da, in welcher Art diese Kreativität ausgedrückt werden soll: »Soll ich Kunstmalerin werden, oder kann ich besser Klavier spielen?« Ist eine Apollolinie außergewöhnlich lang und beginnt bei der Handwurzel, gehört sie meist einem Berufskünstler. Beginnt die Apollolinie im Mond-Berg, heißt sie Talentlinie und weist auf eine außerordentliche Kreativität mit dem Einfluss des Mondes, der Intuition und der Fantasie hin. Wenn sie noch tiefer im Mond-Berg beginnt, kommen diese Eigenschaften aus dem Unterbewussten.

Die **Merkurlinie** (Linie C) stellt die innere Stimme, die Einsicht dar. Ist sie die dominante senkrechte Linie in der Hand, stellt sie den Suchenden dar. Ist sie doppelt und beginnt sie bei der Lebenslinie oder sogar innerhalb der Lebenslinie im Venus-Berg, so stellt sie zwei innere Stimmen dar, die miteinander in Konflikt stehen, meistens die Stimme der Eltern, die der Mensch noch nicht in seine eigene Erfahrung integriert hat. Schwingt sich die Merkurlinie um den Mond-Berg, so bedeutet dies Klarsichtigkeit. Dieses Zeichen werde ich im Kapitel über die Begabungszeichen behandeln (vgl. Seite 117).

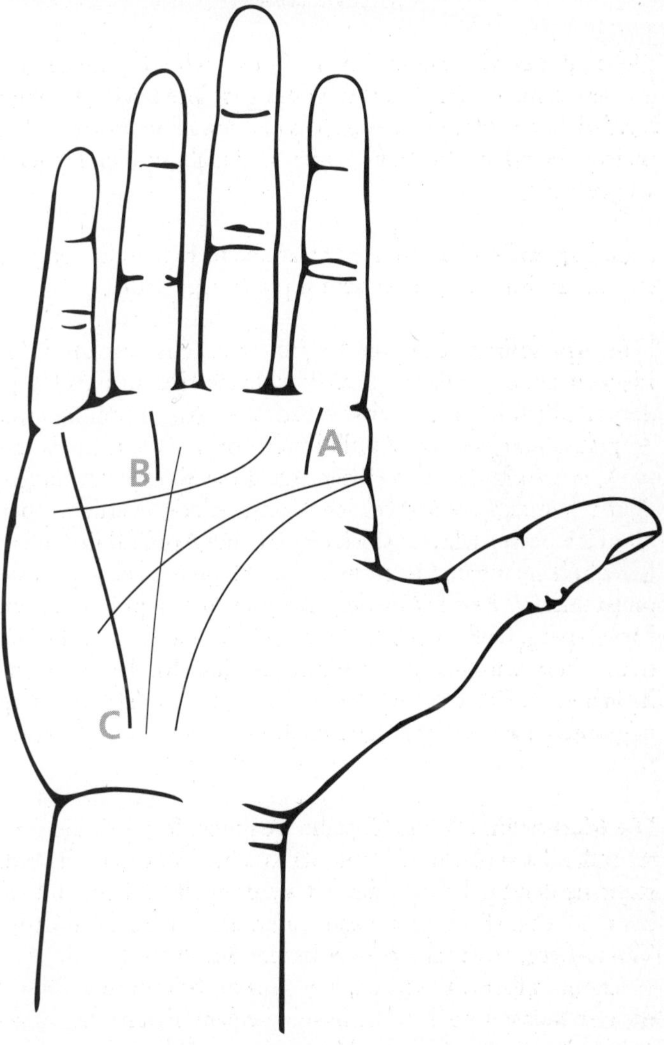


*Jupiter-, Apollo- und Merkurlinie*

# Weitere Zeichen

Neben den Handformen, den Fingerabschnitten, den Bergen, den Linien gibt es noch andere Zeichen in der Hand, die auf Besonderheiten hindeuten. Weitere Zeichen sind zum Beispiel Gitter, Vierecke, Sterne und zusätzliche Linien. Wie immer, ist es sehr wichtig festzustellen, wo sich diese Zeichen befinden, denn sie beeinflussen den Energiefluss an dieser Stelle. Alle diese Zeichen und Nebenlinien, Gitter, Schachteln, kleine Sterne, sind auf den meisten Händen zu finden. Sie sind keinesfalls Alarmzeichen, sondern symbolisieren die ganz normalen Einschränkungen eines jeden Lebens.

## Gitter

Gitter versinnbildlichen Verwirrung. Sie bestehen aus senkrechten und waagrechten Linien. Die senkrechten Linien sind Energieventile, während die waagrechten Linien blockierte

| | |
|---|---|
| **Jupiter-Gitter:** | Ehrgeiz, persönliche Kraft, Autorität, Führungsverhalten |
| **Saturn-Gitter:** | Verantwortung, Verantwortlichkeit, Durchhaltevermögen, Selbstwert und Sicherheit |
| **Apollo-Gitter:** | Kreativität, Selbst-Ausdruck, Anerkennung, Freude |
| **Merkur-Gitter:** | Beziehungen, Kommunikation und Intimität |
| **Mond-Gitter:** | Fantasie, Intuition einer Sinnfindung |
| **Venus-Gitter:** | Liebe, Maßlosigkeit, Mitgefühl und Anteilnahme |
| **Mars-Gitter:** | Kampflust, Aggressivität, Aktivität, Mut |

Energie darstellen. Wenn ein solches Gitter auf einem Berg erscheint, könnte man sagen, dass die Person mit einem Fuß auf der Bremse und dem anderen auf dem Gaspedal durch das Leben fährt.

Welches Gitter Verwirrung, Stress und Ringen mit welchen Problemkreisen versinnbildlicht, zeigt die Tabelle.

## Schachteln oder Vierecke

Schachteln oder Vierecke engen die Energie ein. Wenn sie um eine gebrochene Linie erscheinen, sind sie ein Versuch, die Energie dieser Linie zu reparieren, um sie vor Energieverlust zu schützen.

- **Jupiter-Schachtel:** Wenn die Energien des Zeigefingers eingekeilt sind, kann diese Person das Gefühl haben, dass ihre Ideale eingesperrt sind. Sie erwartet so viel von sich und anderen, dass sie diese hehren Ziele nie erreichen kann. Sie strebt Vollkommenheit an und kann deshalb nie zufrieden sein.
- **Apollo-Schachtel:** Die Kreativität wird gestört und durch Umstände, über welche die Person keine Kontrolle hat, eingeengt.
- **Saturn-Schachtel:** Diese Schachtel besteht meistens aus vier ineinandergreifenden Schachteln und stellt eine Knappheit an Ressourcen dar. Man hat nicht genug Energie, um etwas zu planen, oder man hat zu wenig Kraft, um die täglichen Aufgaben zu bewältigen.

## Ringe

Es werden zwei Arten von Ringen unterschieden: Der Salomon-Ring, der sich um den Ansatz des Jupiter-Fingers rankt, und die so genannten Venus-Gürtel, die sich meist gleichzeitig um den Apollo- und den Saturnfinger legen.

Der **Salomon-Ring** betont die Weisheit von Jupiter. Menschen mit diesem Zeichen haben die Gabe, wie einst König Salomon hinter der Fassade von anderen Menschen die Wahrheit zu erkennen. Sie haben einen Röntgenblick, der manchmal mehr sieht, als er sehen möchte. Es können auch mehrere Salomon-Ringe vorhanden sein. Je mehr Ringe zu sehen sind, desto stärker ist die Eigenschaft, anderen Menschen die Maske herunterreißen zu können. Menschen mit Salomon-Ringen sollten sehr vorsichtig mit ihrer Gabe umgehen. Meistens mögen es andere Menschen nicht, wenn sie das Gefühl haben, von einem Röntgenblick durchbohrt zu werden. Jeder möchte sein Gesicht wahren und liebt denjenigen nicht, der in der Lage ist, ihn bloßzustellen.

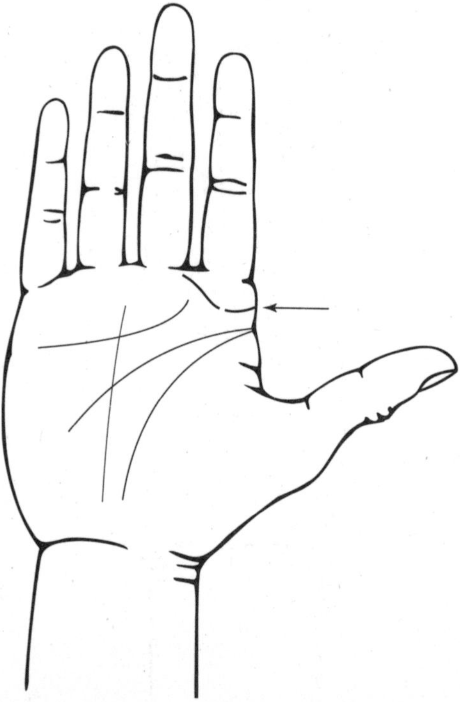

*Salomon-Ring*

Die **Venus-Gürtel** befinden sich zwischen der Herzlinie und den Fingeransätzen, auf den Finger-Bergen. Am häufigsten sind die Ringe um zwei Finger, den Apollo- und den Saturnfinger. Sie stellen eine »dünne Haut« im übertragenen Sinne dar. Sie versinnbildlichen Gefühle, die in Fantasie und idealisierte Bilder abgleiten. Sie stellen emotionale Empfindlichkeit dar und suchen nach Anregung. Sie dienen als Schutzwall gegen allzu starke Gefühle. Wenn eine Person zwei solcher Gürtel hat, ist sie sehr sensibel, und je mehr dieser Gürtel sie hat, umso mehr steigert sich die Empfindlichkeit, bis sie kaum noch auszuhalten ist. Manchmal sind die Gürtel auch gebrochen, oder sie verteilen sich sogar über die ganze Fläche oberhalb der Herzlinie in kleine gebrochene und übereinan-

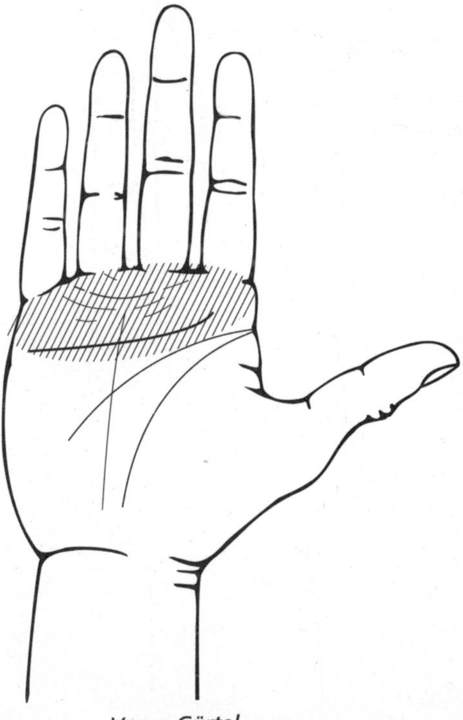

*Venus-Gürtel*

derliegende Stückchen. Diese gehören dann einer Person, die nervös und empfindlich auf alle äußeren Reize reagiert. Sie verabscheut Lärm und große Menschenansammlungen. Sie braucht Frieden, Ruhe und Sicherheit, um sich gefühlsmäßig und körperlich ihren Begabungen entsprechend zu betätigen.

| | |
|---|---|
| **Der Gürtel umfasst den Jupiter.** | Dieser Venus-Gürtel wird der Heldenverehrungsgürtel genannt. Menschen mit diesem Zeichen neigen dazu, sich Vorbilder zu suchen, die sie idealisieren und denen sie nacheifern können. |
| **Der Gürtel umfasst Saturn, Apollo und Merkur.** | Dieser Gürtel wird die Sisyphus-Linie[9] genannt. Für eine Person mit einem solchen Venus-Gürtel ist die Intimität ein Thema. Sie hat das Gefühl, dass sie in ihrer engsten Beziehung einen Schritt vor und zwei zurück macht, dass sie nicht vorwärts kommt. |
| **Ist der Gürtel unter dem Apollo verstärkt oder verdoppelt …** | … besteht eine große Angst vor Kritik, vor Auftritten in der Öffentlichkeit, vor eigenen Stellungnahmen im gesellschaftlichen Umfeld. |
| **Ein verstärkter Saturn-Gürtel …** | … stellt eine verstärkte Konfliktanfälligkeit in Zusammenhang mit Verträgen dar. Diese Person hat Angst, dass sie die Ansprüche an ihre Verantwortlichkeit nicht erfüllen kann. Sie fühlt sich schuldig, wenn etwas nicht ganz richtig läuft, und muss ihr Herz vor solchen schlechten Erfahrungen durch einen Gürtel schützen. |

9 Sisyphus stammt aus der griechischen Sagenwelt und musste als Strafe für böse Taten in der Unterwelt einen Felsen einen Berg hinaufstoßen. Sobald er oben angekommen war, rollte der Felsen wieder rückwärts den Berg hinunter, und Sisyphus musste ihn von neuem den Berg hinaufstoßen. Dies sollte sich bis in alle Ewigkeit wiederholen.

## Der Wunschüberlagerungsstern

Ein weiteres, nicht seltenes Zeichen ist der Stern am Ende der Kopflinie, der Wunschüberlagerungsstern, der als Stern ausnahmsweise nicht eine Explosion von positiver Energie darstellt. Dieser Stern vermischt die Energien von der inneren Stimme des Merkur mit der Kopflinie, dem Denken. Durch eine dritte Linie, die oft aus dem Apollo-Berg kommt, zeigt sich die Angst vor Kritik.

Der Wunschüberlagerungsstern ist ein mächtiges Zeichen, denn er versinnbildlicht Einflüsse aus der Kindheit, wo meist ein Elternteil seine eigenen Wünsche und Hoffnungen in das Kind projizierte. Erwachsene mit diesem Stern haben oft

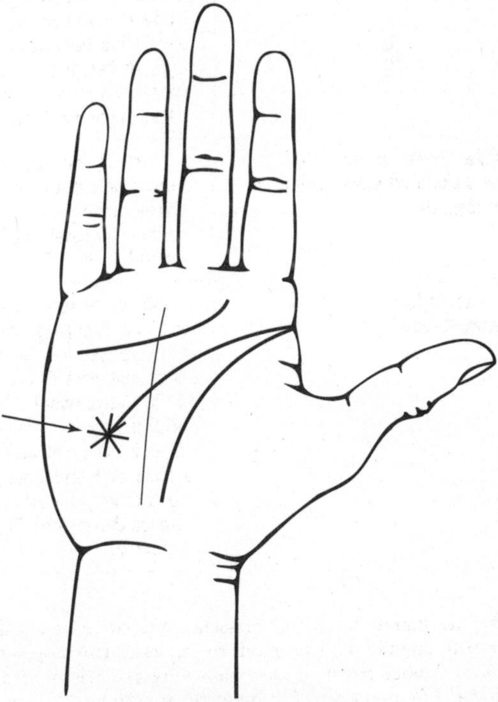

*Wunschüberlagerungsstern*

Schwierigkeiten, die eigenen Wünsche zu erkennen und ordnen sie deshalb oft den Wünschen anderer unter.

## Fluchtlinien

Fluchtlinien sind Merkurlinien, die sich waagrecht gelegt haben. Merkurlinien stellen die Einsicht, die innere Stimme dar. In diesem Sinne sind die Fluchtlinien als Flucht vor der inneren Stimme zu sehen. Positiv betrachtet, kann eine Fluchtlinie jemandem gehören, der sein Bewusstsein erkundet und einen ungewöhnlichen Lebensstil führt. Er braucht Anregung und Aufregung in seinem Leben. Im negativen Sinne kann eine Person mit einer solchen Fluchtlinie ihrer inneren Stimme ausweichen wollen und am Rande der Gesellschaft leben. Im schlimmsten Fall kann sie sogar in Drogensucht und Obdachlosigkeit abgleiten.

- Eine **senkrechte Fluchtlinie** (Linie A) zeigt weitläufige Interessen. Hier wäre es schön, wenn die Person einen Partner finden könnte, der ähnliche Interessen hat.
- Eine Fluchtlinie, die **im oberen Mond** beginnt (Linie B) und innerhalb des Venus-Bergs aufhört, zeigt eine Lust, der inneren Stimme durch Genussmittel wie Zigaretten, Koffein oder Schokolade zu entfliehen. Dieser Mensch sollte aufpassen, dass er nicht von Genussmitteln abhängig wird.
- Eine Fluchtlinie, die **auf der Höhe des mittleren Monds** (Linie C) beginnt und in der Mitte des Venus-Bergs aufhört, gehört einem Menschen, der so starke Fluchttendenzen hat, dass er gefährdet ist, alkohol- oder drogenabhängig zu werden.
- Eine Fluchtlinie, die **auf der Höhe des mittleren Monds** (Linie D) beginnt und gerade über die Hand verläuft, ist Teil eines Menschen, der von seinem Partner abhängig ist und nicht sein eigenes Leben, sondern durch das von anderen lebt.

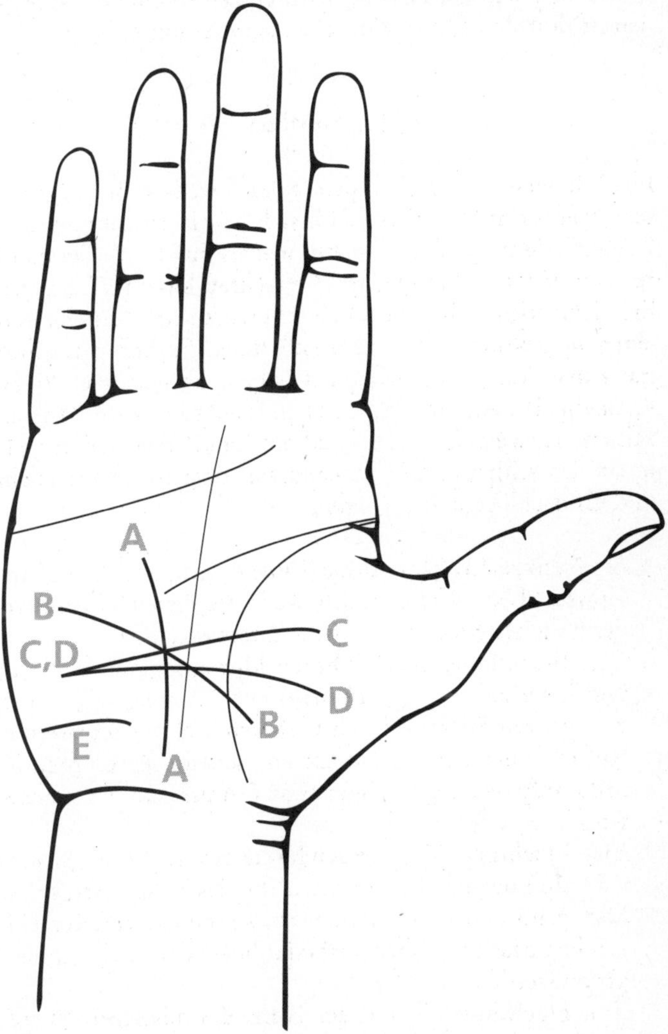


*Fluchtlinien*

- Eine **kurze Fluchtlinie** (Linie E), die tief im Mond-Berg verläuft, zeigt eine Person auf, die sich in die Einbildung flüchtet und sich gerne isoliert.

## Gelegenheitslinien

Herausforderungs- oder Angriffslinien möchte ich Gelegenheitslinien nennen. Sie entspringen im unteren Mars-Berg innerhalb der Lebenslinie, über dem Daumenansatz. Die meisten Hände weisen solche Linien auf. Hier geht es darum, die Herausforderung anzunehmen und als Gelegenheit zu erkennen, sich weiterzuentwickeln.

**Saturnfinger-Herausforderung** (Linie A): Diese Linie wird die Abgrundlinie genannt. Sie zeigt an, dass der Mensch in seinem Leben tiefe Depressionen erlebt oder mit anderen Menschen schlechte Erfahrungen gemacht hat. Die Herausforderung für diesen Menschen ist, seine schlechten Erfahrungen zu verarbeiten, ohne menschenscheu, pessimistisch oder negativ zu werden. Er wird immer wieder mit Fragen von Verantwortlichkeit, Zurechnungsfähigkeit, Selbstwert, Abschluss von Begonnenem und Sicherheit konfrontiert werden, bis er lernt, positiv damit umzugehen.

**Apollo-Herausforderung** (Linie B): Diese Person leistet gegen ihre eigenen kreativen Impulse aus Angst vor Kritik Widerstand. Lieber nichts schaffen oder zeigen, als dafür kritisiert zu werden. Die Herausforderung ist es, die Angst vor Kritik zu überwinden und die volle Kreativität auszuschöpfen.

**Merkur-Herausforderung** (Linie C): Hier beherrscht die Angst vor zu viel Nähe den Menschen. Die zwischenmenschliche Kommunikation im intimen Bereich ist gestört. Die Herausforderung ist, die Angst zu überwinden, sich in eine enge, intime Beziehung zu begeben.

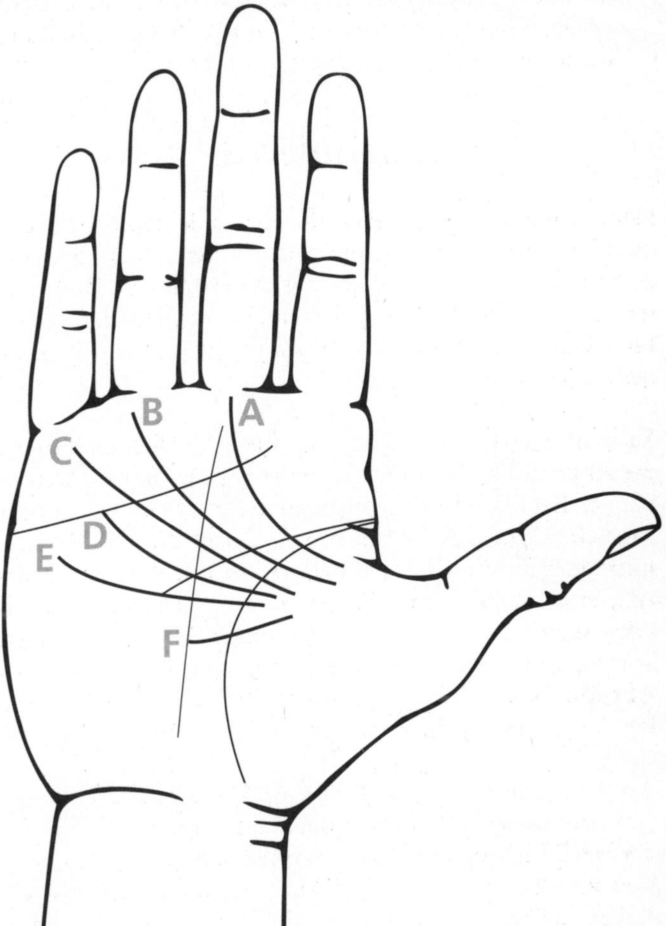


*Gelegenheitslinien*

**Intimitätspunkt-Herausforderung** (Linie D): Der Intimitätspunkt ist der Punkt, bei dem die Merkurlinie die Herzlinie kreuzt. Falls keine Merkurlinie vorhanden ist, befindet er sich auf der Herzlinie ungefähr an dem Punkt, der in der Mitte des Merkurfingers liegt. Diese Linie trägt den Namen »Trennungslinie«. Sie muss aber nicht direkt mit einer Trennung zu tun haben, sondern weist auf Probleme oder Disharmonie in der Partnerschaft hin. Sie hat die allgemeine Bedeutung, dass die Person Mühe bekundet, sich von beendeten Beziehungen zu lösen. Die Herausforderung ist, in einer intimen Beziehung besser zu kommunizieren, sich selber mit allen seinen Gefühlen und Unzulänglichkeiten einzubringen und mit dem Partner Wege zur Harmonie zu suchen.

**Pluto-Herausforderung** (Linie E): Die zerstörerische Kraft von Pluto, die sich mit dem Kampfgeist von Mars verbindet, ergibt die Wutlinie. Die Herausforderung besteht darin, diese zerstörerische Energie für gute Zwecke einzusetzen, mutig Missstände anzugreifen, eigene Gefühle von Ohnmacht und Schüchternheit zu überwinden, für seine Rechte einzustehen.

**Saturnlinie-Herausforderung** (Linie F): Diese Linie greift die Saturnlinie an und hat etwas mit dem Beruf und der Arbeit zu tun. Die Herausforderung ist, sich mit den Zielen seiner Arbeit auseinander zu setzen und sich zu fragen, ob diese noch stimmig sind.

## Partnerwahllinien

Die Partnerwahllinien sind Linien, die von der Herzlinie abzweigen und anzeigen, welche Eigenschaften ein Mensch hat, die er nicht selber ausleben will oder kann, sondern auf einen Partner projiziert, der diese Funktionen für ihn erfüllt.

Der **Mars-Selektor** (Linie A) ist eine Abzweigung von der Herzlinie aus zum Mars-Berg. Sie stellt die Suche nach einem

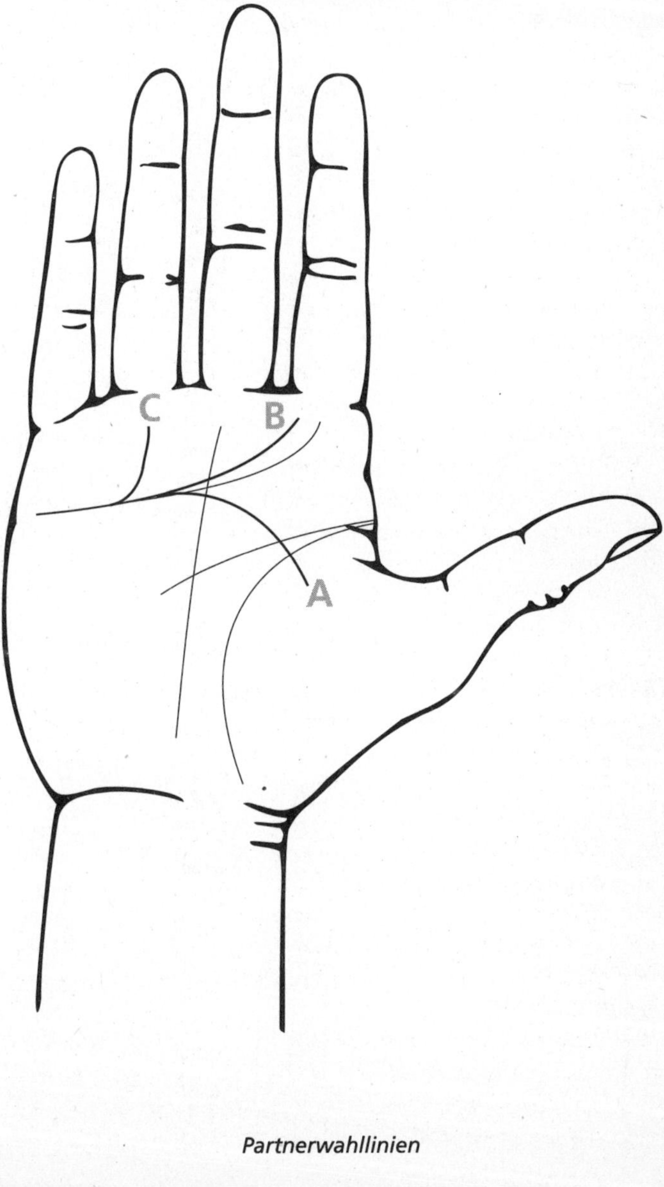


*Partnerwahllinien*

Partner dar, der Mut und Kampfgeist für die eigene Person ausleben kann. Wenn Sie diese Linie in Ihrer Hand finden, spielt sie eine wichtige Rolle in Ihrem Leben, und Sie sollten ihr große Aufmerksamkeit schenken.

***Brigitte** hat einen solchen Mars-Selektor. Nachdem sie ihn in ihrer Hand erkannt hatte, wurde sie sich gewärtig, dass sie in vielen unangenehmen Situationen ihren Mann vorgeschoben hatte. Wenn sie einem Handwerker erklären musste, dass sie mit seiner Arbeit an ihrem Haus nicht zufrieden war, ließ sie ihren Mann die Reklamation vorbringen. Obwohl sie es war, die seit jeher die Buchhaltung der Familie führte, sagte sie: »Da muss ich zuerst meinen Mann fragen«, wenn das Finanzamt anrief, um sich einen Posten in der Steuererklärung näher erläutern zu lassen. Brigitte musste in kleinen Schritten lernen, ihre Angst vor der Konfrontation zu überwinden. Sie fing bei den Kindern an. Fortan sagte sie nicht mehr: »Warte, bis der Papi nach Hause kommt«, sondern erklärte den Kindern selber, was ihr an ihrem Verhalten nicht passte. Im Laden gab sie die schadhafte Packung zurück und verlangte eine unbeschädigte. So ist sie heute noch dabei, Schritt für Schritt zu lernen, ihre eigenen Kämpfe auszufechten … und die Mars-Selektor Linie wird schwächer.*

Der **Jupiter-Selektor** (Linie B) ist eine Abzweigung von der Herzlinie aus zum Jupiter-Berg. Diese Linie kann aussehen wie eine Herzlinie des Großen Herzens. Man kann sie besser in der Hand erkennen als auf dem Abdruck, denn ihre Qualität ist anders als die der Herzlinie. Sie ist allgemein dünner und verjüngt sich noch gegen den Jupiter-Berg hin. Sie bedeutet die Suche nach einem Partner, der Autorität, Selbstvertrauen, Stolz und gesunden Ehrgeiz für einen selbst auslebt.

***Franziska** ist eine hübsche, intelligente Frau, die in ihrem Beruf als Verkäuferin erfolgreich ist. Kürzlich hat ihr Chef ihr die Stelle als Chef-Verkäuferin angeboten, die auch die jun-*

*gen Verkäuferinnen anlernen sollte. Sie hätte sich weiterbilden sollen und hätte die Möglichkeit gehabt, den Beruf einer Einkäuferin zu erlernen. Franziska hat die Gelegenheit abgelehnt. Sie will für ihren Mann da sein, der Chef einer Speditionsfirma ist und diese gerne in eigener Regie übernehmen möchte. Obwohl sie keine Kinder haben, glaubt sie, es gehe doch nicht, dass beide Partner so von ihrem Beruf absorbiert sind. Franziska hätte gerne diese Gelegenheit wahrgenommen, aber sie hat Angst vor der Verantwortung, sie will nicht im Vordergrund stehen, sie glaubt nicht, dass sie fähig ist, andere zu führen. Ihr Mann kann das alles viel besser, denkt sie.*

*Franziska ist noch nicht bereit für einen so großen Schritt. Die Aussichten auf immer wachsende Berufschancen haben sie abgeschreckt. Franziska versteht die Bedeutung des Jupiter-Selektors trotz Erklärungen nicht. Dies ist ihr »blinder Fleck«. Wenn sie den Jupiter-Selektor erkannt hätte, hätte sie vielleicht die Herausforderung als Chef-Verkäuferin annehmen können. Sie hätte sich sagen können, dass sie nicht schon von Anfang an eine Weiterbildung ins Auge fassen muss. Der erste Schritt hätte genügt. Später hätte sie neu entscheiden können.*

Der **Apollo-Selektor** (Linie C) ist eine Abzweigung von der Herzlinie aus zum Apollo-Berg. Sie stellt die Suche nach einem Partner dar, der die Kreativität für einen selber ausleben kann.

***Klara*** *ist die Frau des Künstlers Bernhard. Bernhard hat eine große Karriere als Maler vor sich. An der Vernissage seiner letzten Ausstellung waren Politiker, Millionäre und Filmstars zugegen, und 80% seiner Bilder waren bereits am ersten Abend verkauft. Sein Name ist in aller Munde.*

*Klara möchte gerne selber malen, aber sie hat keine Zeit. Wegen seines Erfolges müssen sie oft reisen, nach New York, London und Paris, denn dort sind die wichtigen Kunden. Er braucht sie, denn sie ist seine Inspiration. Sie ist auch seine Agentin, denn nur ihr kann er wirklich trauen. Sie organisiert*

*Ausstellungen, Reisen, Auktionen. Sie macht das gerne, denn sie nimmt gerne am Beruf ihres Mannes teil. Nur kommt sie selber nicht zum Malen. Sie wird es später tun, vielleicht, wenn er einen anderen Agenten nimmt.*

*Klara sollte unbedingt ihre eigene Maltätigkeit wieder aufnehmen. Sie darf nicht das Gefühl haben, dass sie mit Bernhard in Konkurrenz steht oder dass sie nur seiner Karriere dienen muss. Sie hat ihren eigenen Stil, diesen sollte sie ausbauen, denn es ist ihre Aufgabe, ihren eigenen künstlerischen Ausdruck zu finden.*

# Die Begabungszeichen

Begabungszeichen[10] sind Linienformationen auf der Handfläche oder auf den Fingern. Sie lassen ein besonderes Potenzial an Begabung erkennen. 35 % der Menschheit hat irgendeine Form von Begabungszeichen. Zur Zeit sind uns sechzehn bekannt.

Ein Begabungszeichen stellt den Mittelpunkt Ihres Lebens dar. Mit einer solchen ausgeprägten Begabung dürfen Sie sich nicht damit zufrieden geben, die Begabung als Hobby oder Teilzeitbeschäftigung auszuüben. Sie sind dafür bestimmt, sich in den Dienst dieser Begabung zu stellen. Sie nicht anzuwenden, käme einer Dienstverweigerung gleich und verlangt einen Preis von Ihnen.

Für jedes der Begabungszeichen wird ein Meister- und ein Studentenweg[11] unterschieden. Der Meister ist sich seiner Begabung bewusst und wendet sie an. Dadurch versteht er seine Gabe ständig besser und kann sie sich und anderen Menschen zugute kommen lassen.

Der Student ist erst auf dem Weg. Er kennt seine Begabung nicht, ahnt vielleicht nur, dass er eine solche haben könnte. Weil er sie nicht anwendet, oder nicht oft genug anwendet,

10 Dieses System wurde von Richard Unger, IIHA International Institute of Hand Analysis, Tiburon, CA, U.S.A. entwickelt. www.handanalysis.net

11 Pamelah Tablak, »Gift Markings«, Master Hand Analyst, The Hands Company, Published by The Hands On Company, 2005, Palm Desert, CA 92260. www.HandsOnCompany.com

verkümmert sie, oder sie kehrt sich im schlimmsten Falle in ihr Gegenteil um.

Der Besitzer eines Begabungszeichens sollte lernen, mit seiner Begabung umzugehen, dann wird er mit seinen Lebensaufgaben zufrieden sein und sich entwickeln können. Ansonsten hat er ständig das Gefühl, im falschen Film zu leben.

Es gibt drei verschiedene Formen von Begabungszeichen:

| | |
|---|---|
| 1. | Eine **besondere** Linie |
| 2. | **Sterne** mit sechs Zacken, die aus drei Linien bestehen, die einen gemeinsamen Mittelpunkt haben |
| 3. | Eine **Gruppe** von parallelen Linien |

## Kopf- und Herzlinien

### Reines Herz

Der Menschenfreund. Diese Linie ist eines der seltensten Begabungszeichen. Sie ist eine reine »Großes Herz«-Linie, die unter dem Jupiterfinger endet, aber keinerlei oder nur ganz wenige »Verletzungen« aufweist. Eine solche Linie hat keine Inseln, keine Gabelungen, keine Kreuzungen.

Das meisterhafte reine Herz hat ein großes Fassungsvermögen für bedingungslose Liebe und die Fähigkeit, die Menschen so anzunehmen, wie sie sind. Es konzentriert sich auf andere Menschen und fühlt sich mit ihnen verbunden. Menschen mit dieser Linie retten verwundete Vögel und Igel und pflegen sie gesund.

Der Student des reinen Herzens ist naiv und kann nicht glauben, dass Menschen einander absichtlich verletzen könnten. Er kann nichts von anderen annehmen, ist aber von ihnen abhängig und neigt dazu, andere zu kontrollieren. Er hat auch große Mühe, sich und anderen Grenzen zu setzen.

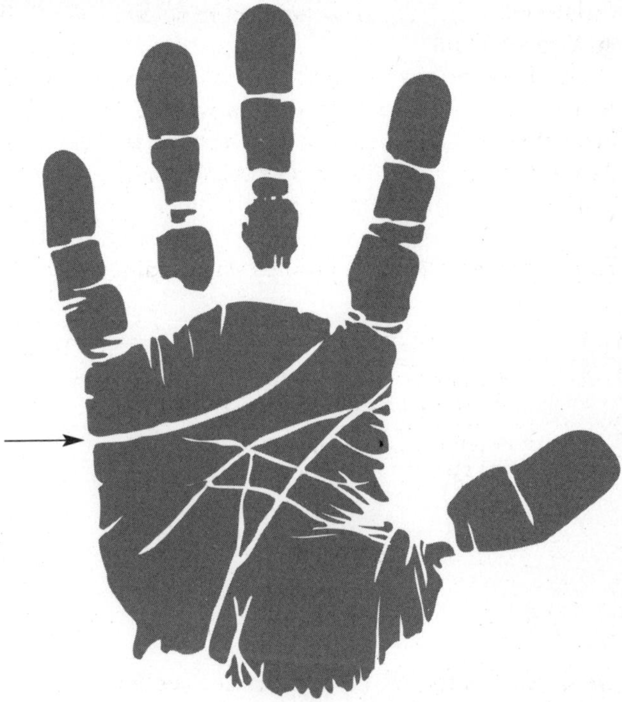

*Reines Herz*

## Die Affenfalte oder Simianlinie

Denkt mit dem Herzen und fühlt mit dem Kopf. Statt zwei Linien, einer Herz- und einer Kopflinie, besteht nur eine Linie in der Mitte der Hand, meist auf der Höhe, wo andere Menschen eine Kopflinie haben. Ein Mensch mit einer Simianfalte kann auch Bruchstücke einer Herzlinie oder einer Kopflinie zeigen. Liegt die Linie höher, etwa auf der Höhe einer Herzlinie, wird sie emotionale Simianfalte genannt, liegt sie tiefer unten in der Hand, ist sie eine kognitive Simianfalte. Sie kann auch in Bruchstücken über die Handfläche verlaufen.

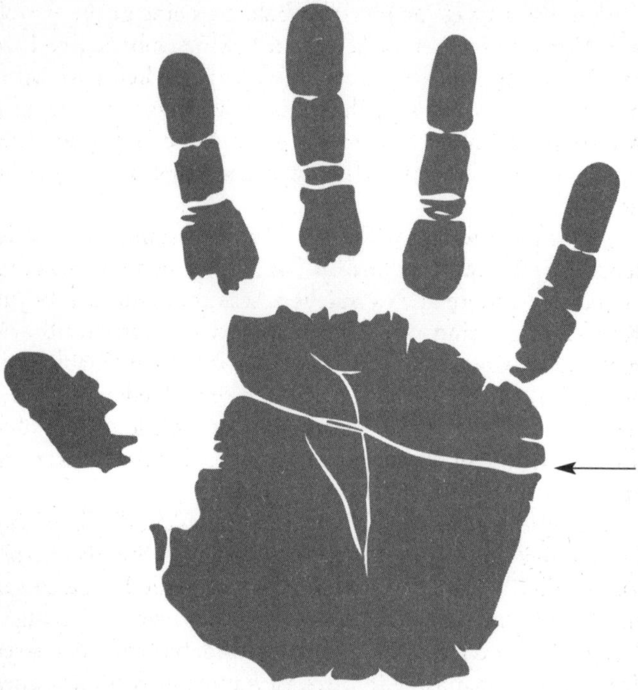

*Simian (Affenfalte)*

Der Meister Simian legt eine unglaubliche Intensität in jeder Richtung an den Tag. Er besitzt eine hemmungslose Kreativität und ist nicht zu bremsen, denn er nennt auch eine grenzenlose Energiequelle sein Eigen. Er ist in allem, was er tut und sagt, extrem. Wenn man ihn einmal kennt, ist dieser Extremismus durchaus positiv, denn sein Standpunkt ist klar. Anfangs kann einem ein Simian als ruhig erscheinen. Wenn er aber ein Projekt sieht, das ihn interessiert, arbeitet er ununterbrochen daran, bis spät in die Nacht, und hört nicht auf, bis er fertig ist. Er kann aber auch nicht verstehen, dass andere Menschen anders geartet sind und nicht so viel Energie aufweisen wie er. Wenn er es einmal begriffen hat, wird er sich nicht so ausgenützt vorkommen, wie es sonst der Fall wäre.

Von daher ist es nicht erstaunlich, dass eine große Anzahl von Menschen mit einer Affenfalte historisch bedeutend waren. Vielleicht ist es deshalb so, weil es für sie keine Kompromisse gibt. Ihre Welt ist ihrer Hartnäckigkeit unterworfen. Meistens haben sie eine außergewöhnliche Begabung oder Fertigkeit, die sie verwenden, aber selten anderen gegenüber zeigen.

Als Student wird der Simian oft missverstanden. Seine Intensität erscheint wie Wut. Er hat Mühe, sich so auszudrücken, dass andere auch verstehen, was er meint. Herz- und Kopf-Energie sind verschmolzen, und meistens weiß er ja nicht, dass es bei anderen nicht so ist wie bei ihm. Dadurch ist es für ihn schwierig, sein Gefühl und seine Gedanken voneinander zu trennen. Oft kann er seine Gefühle nicht richtig ausdrücken, oder er sagt etwas anderes, als sein Partner versteht.

Simians sind herausgefordert, in einer Welt, die ihnen eng, beschränkt und polarisiert vorkommt, ihre Standsicherheit zu behalten. Ihre Meinungen darüber, wie die Dinge zu sein haben, sind klar. Selten sind sie glücklich, wenn sie längere Zeit an einem Ort bleiben oder eine Aufgabe erfüllen müssen. Ihre inneren Spannungen lassen sie kaum zur Ruhe kommen. Ihr Leben ist erfüllt von Extremen und dauerndem Wechsel. Wenn sie etwas ändern wollen, dann sollte es sofort geschehen, und die Veränderung ist meist eine weit reichende.

### Persephone, die Königin der Unterwelt

Die Persephonelinie ist eine Kopflinie, die lang und geschwungen im Mond-Berg endet. Sie ist ein Zeichen für eine außergewöhnliche Intuition.

Der Meister hat Zugang zu tiefer intuitiver Weisheit, besitzt viel Kreativität, Fantasie und Intuition. Er steht verlorenen Seelen bei und ist in der Lage, anderen seine Weisheit nahe zu bringen und sie mit ihnen zu teilen.

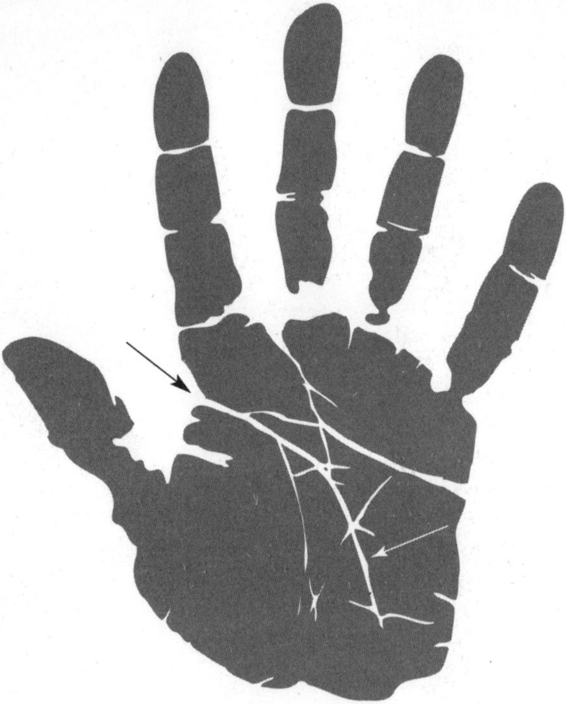

*Persephonelinie*

Der Student neigt zu Depressionen und zur Teilnahmslosigkeit. Er fühlt sich von seinen inneren Dämonen gefangen und sucht die Führung von mütterlichen Personen, von denen er sich oft leiten und beeinflussen lässt. Das praktische Leben bereitet ihm Mühe, und er hat oft wenig Realitätsbezug.

## Super-Computer-Linie

Tintenfisch-Gehirn. Als Super-Computer wird eine Kopflinie bezeichnet, die lang und gerade über die ganze Handfläche verläuft und kurz vor der Handkante aufhört. Eine Kopf-

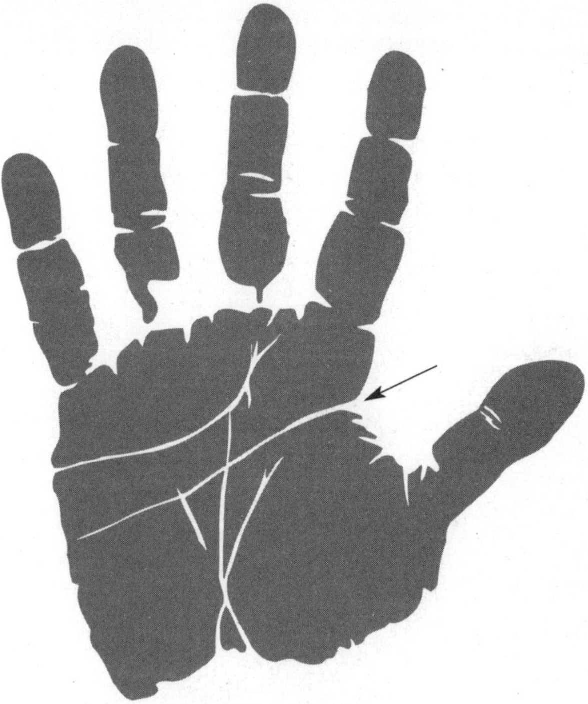

*Super-Computer-Linie*

linie, die sich um die Handkante herumschwingt, ist keine Super-Computer-Linie.

Der Meister-Computer hat ein Maximum an Speicher und ist fähig, jederzeit sein Wissen abzurufen. Er kann wie ein Tintenfisch mit vielen Armen zehn Dinge gleichzeitig tun. Er kann mit einem Konkurrenten telefonieren, gleichzeitig einen Vertrag lesen, mit seinem Gegenüber über das letzte Fußballspiel diskutieren und überlegen, ob er noch ein Sandwich essen solle oder lieber nicht. Sein Gehirn sollte immer beschäftigt sein und sich auf große, wichtige, komplexe Aufgaben konzentrieren können. Er braucht eine ständige geistige Herausforderung, die er klar, logisch und analytisch lösen kann.

Der Student langweilt sich schnell, wenn er sich nicht genügend herausgefordert fühlt. Er kann dann die Neigung entwickeln, sich in seinem Gefühlsleben zu verheddern, oder komplexe Lebensprobleme zu verursachen, nur damit er sie lösen kann. Eine Herausforderung für Menschen mit dieser Linie ist, ihr Gehirn nicht zu unterfordern. Hat es keine wichtigen Aufgaben zu bewältigen, so neigt es dazu, gefühlsmäßig in ein Riesen-Spinnennetz zu geraten, aus dem es nur mit Mühe herausfinden wird.

## Sterne

Sterne sind wie eine Explosion von Energie an dem Ort, wo sie sich befinden. Die drei Linien bündeln drei verschiedene Sorten von Energie an einem gemeinsamen Punkt.

**Jupiter-Stern** (A): Der Klassensprecher, der Erfolgstyp. Der Jupiter-Stern besteht aus drei Linien, die einen gemeinsamen Mittelpunkt haben. Er befindet sich auf dem Jupiter-Berg, oft fast auf der inneren Handkante. Ein Jupiter-Stern kann sogar vier Linien aufweisen, dann sind Sie ein Führer von Führern. Und mit einen Knäuel von Sternen auf dem Jupiter-Berg steigert sich Ihre Führungsbegabung noch um ein Mehrfaches.

Wenn Sie als Meister einen solchen Stern haben, sind Sie ein »Überflieger«, eine Führungspersönlichkeit, eine Person mit Einfluss, Sie »sitzen auf einem Thron« und strotzen vor gesundem Ehrgeiz.

Der Jupiter-Student unterschätzt seine Fähigkeiten und stellt sein Licht unter den Scheffel. Er versucht, die Person zu kontrollieren, welche in seinem Bereich die Verantwortung trägt. Er macht sich selber kleiner als er ist, oder er verschenkt seine Autorität und seine Macht, um anderen zu gefallen.

Wenn der Jupiter-Stern nicht zum Tragen kommt, seine Kraft und sein Strahlen nicht ausleben kann, besteht die Gefahr, dass diese Person zur Macht hinter dem Thron wird, zur »Eismutter«, die versucht, ihren Partner oder ihre Kinder zu

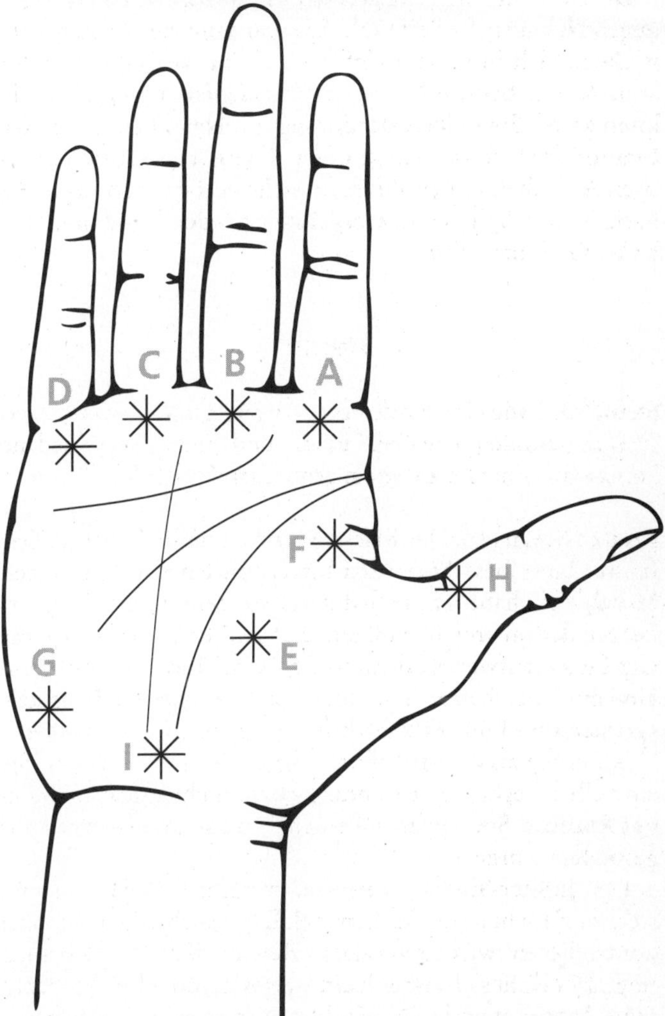


*Sterne*

Ehrgeiz anzustacheln, statt ihre Begabung für sich selbst einzusetzen.

Der **Saturn-Stern** (B) wird »die Berührung des Königs Midas«[12] genannt. Er ist unter dem Saturnfinger auf dem Saturn-Berg zu finden.

Mit einem Saturn-Stern wird alles, was Sie berühren, zu Gold. Als Meister verdienen Sie so gut, dass Sie anderen von Ihrem Reichtum abgeben können. Sie sind eine sehr verantwortungsbewusste Person, erbringen hervorragende Leistungen, haben keine Mühe, einmal Begonnenes zu vollenden, und besitzen auch eine gute Hand für die Börse und für Geschäfte im Allgemeinen. Sie haben ein soziales Gewissen und lassen andere gerne an Ihrem materiellen Reichtum teilhaben. Mit einem achtzackigen Stern erhöhen sich diese Eigenschaften noch um ein Vielfaches.

Der Student des Saturn-Sternes lässt alle anderen von seinen Fähigkeiten profitieren, nur sich selber nicht. Er ist das Kind des Schuhmachers, das selber Löcher in den Schuhen trägt. Er hat auch ein mangelndes Selbstwertgefühl und Angst, dass sein Beitrag nicht genügen könnte. Er verlangt zu wenig für seine Dienste. Wenn er einmal für sich selber von einem Geschäft profitiert, hat er das Gefühl, er habe es nicht verdient. »Mir steht doch kein Reichtum zu«, ist seine Einstellung.

Der **Apollo-Stern** (C) bringt Ruhm und Reichtum in den Künsten. Er ist das höchste Zeichen für Kreativität, die in einer Hand zu finden ist. Dieser Stern befindet sich auf dem Apollo-Berg und kann auch unvollständig sein und nur fünf statt sechs Sporne aufweisen. Wenn sich ein solcher Stern unterhalb des Apollofingers und unter der Herzlinie befindet, nennt man ihn den »verborgenen Schatz«, der erst gehoben

12 König aus der griechischen Mythologie, der sich wünschte, dass alles, was er anfasste, zu Gold würde. Der Wunsch wurde ihm erfüllt … bis er seine Tochter berührte und sie in Gold vor ihm erstarrte.

werden muss. Die drei Energiequellen für den Apollo-Stern befinden sich in der Apollolinie, der Quelle für kreativen Selbst-Ausdruck, die zweite Linie ist ein Venus-Gürtel, der Empfindsamkeit symbolisiert, und die dritte Linie ist eine Apollo-Herausforderungslinie, die Angst vor Kritik überwinden hilft.

Wenn Sie einen Apollo-Stern Ihr Eigen nennen können, dann haben Sie das höchste Zeichen für Kreativität in Ihrer Hand. Der Apollo-Stern verlangt das Rampenlicht und den Applaus. Der Meister sucht den kreativen Selbst-Ausdruck und überwindet seine Angst vor Kritik, Ablehnung, Gespött, Demütigung, um sein Werk an die Öffentlichkeit zu bringen. Er ist ein Individualist und hat eine gut entwickelte Persönlichkeit.

Der Student möchte das alles eigentlich auch, aber seine Angst überwiegt, und er versinkt in Apathie und Angst vor einer Blamage. Ihm fehlt die Disziplin, um seine kreativen Impulse umzusetzen, und er fühlt sich ständig als Außenseiter der Gesellschaft.

Der **Merkur-Stern** (D) ist ein seltener Stern und befindet sich unter dem Merkurfinger.

Sein Besitzer, sofern er ein Meister ist, strotzt vor Einfallsreichtum, Genialität, Scharfsinn und Klugheit.

Der Student ist oft naiv und in gewissen Lebensbereichen unbedarft. Er sollte lernen, seiner Genialität zu vertrauen und sie auch auszusprechen.

Der **Venus-Stern** (E) befindet sich tief auf dem Venus-Berg.

Wenn Sie ein Meister des Venus-Sterns sind, suchen Sie die Wonne, das Vergnügen, die Lust, die Freude. Sie lieben das Leben, Sie sind verspielt und spielen gern. Sie lieben den Luxus, die Schönheit, Samt, Seide, Pelze, denn Sie sind sinnlich, und die Sinnesfreude beherrscht Ihr Leben. Die Sexualität spielt eine wichtige Rolle in Ihrem Leben, vor allem wenn Ihr Venus-Berg prall und voller Energie ist und Ihr unterer Merkur-Abschnitt keine Verletzungen aufweist.

Der Venus-Student ist naiv wie ein Kind und trägt unter Umständen auch Verletzungen aus der Kindheit mit sich herum. Er hat sein Strahlen verloren, kann das Leben nicht genießen, denn immer wieder ziehen die dunklen Wolken aus seiner Kindheit über sein Gemüt. Er hat wenig Freuden und hat das Gefühl einer verlorenen Liebe. Obwohl er so großen Spaß am Luxus und an schönen Dingen hat, schleppt er Schuldgefühle aus seiner Kindheit mit sich herum und kann sich nicht vorstellen, wie er es verdient haben soll, sich an den schönen Dingen des Lebens zu erfreuen.

Der **Mars-Stern** (F) ist innerhalb der Lebenslinie neben dem Daumenansatz zu finden. Er zeugt von außergewöhnlichem Mut und Kampfbereitschaft.

Wenn Sie Besitzer eines Mars-Sterns sind, dann sind Sie risikofreudig, mutig, durchsetzungsfähig und angemessen aggressiv. Dieser Stern zeugt von einer zusätzlichen Portion Energie, um schwierige Probleme anzupacken und harte Entscheidungen zu treffen.

Der Mars-Stern-Student kämpft mit übermäßiger Aggression, Feigheit, Zorn und Wut. Er sollte lernen, in seiner Aggressivität nicht verletzend zu sein. Seine Extradosis Energie sollte er für konstruktive Projekte verwenden, denn wenn er sie weder positiv noch negativ abbauen kann, besteht die Gefahr, dass er sie gegen sich selbst wendet und depressiv wird.

Der **Mond-Stern** (G) kann sich in verschiedenen Bereichen des Mond-Bergs befinden und symbolisiert plötzliche Eingebungen und Erkenntnisse. Seine jeweilige Lage weist auf leicht unterschiedliche Qualitäten hin.

- Befindet er sich **im oberen Mond,** ist dies die Zone der Entdeckung. Die Intuition des Besitzers richtet sich mehr auf die Entdeckung von Neuem.
- Liegt der Stern **im mittleren Mond,** handelt es sich um eine eher praktische Intuition, die sich auf Alltägliches bezieht.

- Zeigt er sich hingegen **im unteren Bereich des Mond-Bergs,** dann signalisiert er einen guten Zugang zu Informationen aus dem tiefen Unbewussten.

Da der Mond-Stern eine Explosion von Energie ist, ist das gute Gespür für Menschen und Situationen nicht ständig vorhanden, sondern steht manchmal zur Verfügung, manchmal nicht.

Der Meister des Mond-Sterns verlässt sich auf seine Eingebungen, manchmal »weiß er einfach«, dass die Dinge so sind. Je mehr er sich auf seine Intuition verlässt, desto stärker wird sie werden. Er kann seine Intuition auch durch mentales Training schulen.

Der Student glaubt nicht an seine eigene Intuition, er ist ihr entfremdet. Darum kann er auch nicht glauben, dass andere Menschen über eine solche Gabe verfügen könnten. In seinem Leben kommt er nicht weiter, weil er seiner Intuition nicht traut und keine andere Entscheidungshilfe zur Hand hat. Er fühlt sich desillusioniert und steckt in einem Sumpf fest mit anderen Menschen, denen er nicht vertraut und die auch nicht weiterwissen.

Der **Stern der Weisheit** (H): Dieser Stern befindet sich im mittleren Abschnitt des Daumens. Auch dieser Stern ist eine seltene Erscheinung, und noch seltener weiß sein Besitzer, dass ihm dessen Gaben gehören.

Wer diesen Stern besitzt und ein Meister der Weisheit ist, ist ein begabter Seher. Er hat spirituelle Weisheit und kann grundlegende Zusammenhänge und verborgene Verwandtschaften erkennen. Er erkennt die wahren Verbindungen zwischen dem Resultat und dem Ursprung der Dinge. Sein Unterscheidungsvermögen ist einzigartig.

Der Student, der sich seiner Gabe nicht bewusst ist, ist im Gegensatz zum Meister mit Blindheit geschlagen und sieht den Wald vor lauter Bäumen nicht. Er hat Angst davor, seine Weisheit preiszugeben und verhält sich anderen Menschen gegenüber wertend.

Der **Neptun-Stern** (I) ist in der Nähe der Handwurzel in der Mitte der Hand außerhalb der Lebenslinie gelegen.

Einfühlungsvermögen für die Notleidenden und tiefgründiges Verständnis für alle menschlichen Lebenssituationen kennzeichnen Menschen mit einem Neptun-Stern. Personen, die in einer Sterbeklinik arbeiten, könnten so einen Neptun-Stern haben, auch Mutter Theresa wäre ein Beispiel für einen Meister des Neptun-Sterns. Sie war in der Lage, anderen Menschen zu helfen, schwierige emotionale Situationen durchzustehen.

Der Neptun-Student wird in gewissen Lebensbereichen von unerklärbaren Gefühlen übermannt. Er sieht sich immer wieder mit dem tiefen Brunnen der menschlichen Traurigkeit konfrontiert, mit dem er nicht fertig wird. Tiefe Gefühle überwältigen ihn und sind stärker als er selbst. Die Gefahr für ihn ist, in diesem Brunnen der Depression stecken zu bleiben oder gar zu ertrinken. Weil er sich zusätzlich tief desillusioniert und von jeglicher innerer Führung abgeschnitten fühlt, gibt es keine Tätigkeit, die ihn ohne fremde Hilfe aus seiner tiefen Traurigkeit herausziehen könnte.

## Weitere Begabungslinien

Weitere Begabungslinien findet man im Zusammenhang mit Merkur, dem Kommunikator. Weil er so gut kommunizieren kann und sich und andere gut versteht, hat er ein besonderes Maß an Intuition, um die Probleme anderer Menschen zu erfassen und sich in sie hineinzudenken.

### Genielinien

sind feine senkrechte Linien auf dem obersten Abschnitt des Merkurfingers. Um als Genielinien zu gelten, müssen es mindestens drei solcher Linien mehr sein, als auf dem oberen

Apollofinger zu finden sind. Sie müssen auch länger sein als mindestens die Hälfte der oberen Zone.

Wenn Sie solche Genielinien haben, sind Sie ein begabter Autor oder Redner. Sie haben die Gabe, komplexe Ideen einfach darzustellen und einem größeren Publikum zu übermitteln. Sie haben eine Botschaft, die Sie der Welt mitteilen möchten, und die Gabe dazu, sie kundzutun.

Der Student mit Genielinien sollte lernen, seine Ängste zu überwinden, aufzustehen und seine Gedanken einem Publikum darzulegen. Wenn er dies nicht tut, wird er anfangen, sich im Kreis zu drehen. Seine Energie verpufft, und er wird trotz vielem Aufwand nichts schaffen und immer unzufriedener werden.

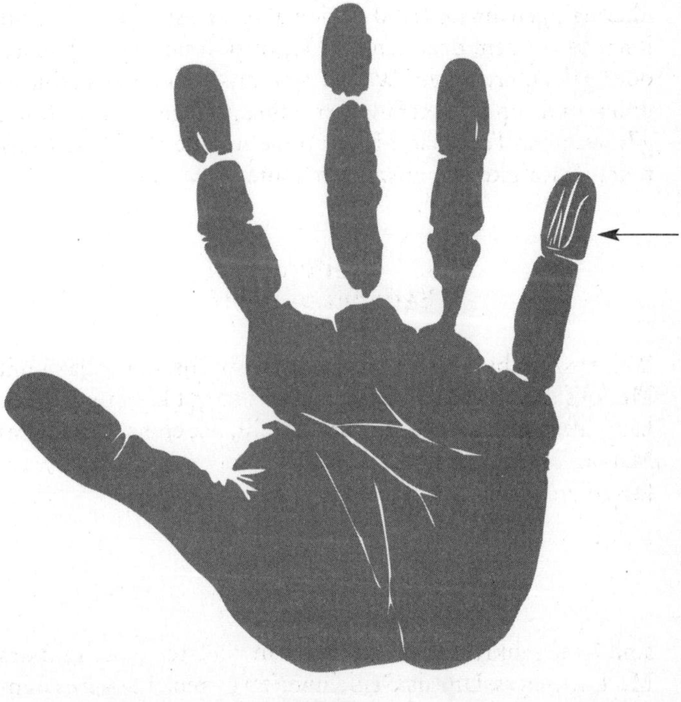

*Genielinien*

## Heilerlinien

befinden sich unter dem Merkurfinger auf dem Merkur-Berg. Es sind mindestens vier parallele Linien in der oberen Hälfte des Merkur-Bergs, nicht auf der Handkante. Es können aber ohne weiteres auch sechs, sieben oder acht solche Linien nebeneinander liegen. Je mehr parallele Linien vorhanden sind, desto größer ist das Anliegen, sich mit der Heilertätigkeit zu befassen. Sei es als Beruf oder als Teilaspekt eines Berufs.

»Heiler« ist hier im weitesten Sinne des Wortes gemeint. Jegliche Art, anderen Menschen zuzuhören und/oder ihnen durch Berührung oder Rat Lebensweisheit zu vermitteln,

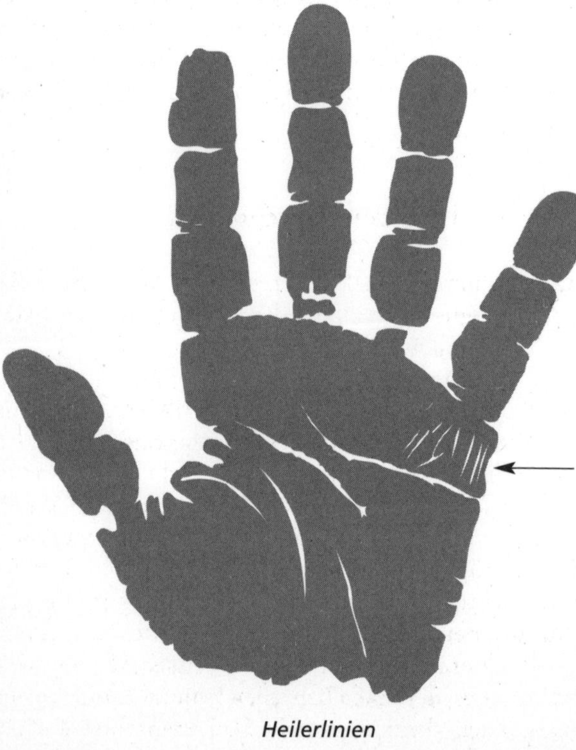

*Heilerlinien*

kann als Heilertätigkeit betrachtet werden. Ein Meister-Heiler tut dies nur, wenn er danach gefragt wird. Er ist in der Lage, Menschen auf ihrem Weg zu sich selbst Erkenntnisse zu vermitteln. Er hat selber viel Lebenserfahrung und psychologische Einsicht, darum haben seine Hinweise Hand und Fuß. Er nimmt die Menschen ganzheitlich wahr und kann sie durch seine kommunikative Art inspirieren.

In diesem Sinn kann zum Beispiel auch ein Anwalt heilend tätig sein.

Von einem Menschen mit Heilerlinien wird ein hohes Maß an Vertrauen und Hingabe gefordert. Wird er als Student seiner Gabe nicht gerecht, kann er sich in schwierige Beziehungen verstricken. Wenn er seine Aufgabe, anderen Menschen zu helfen, nicht erfüllt, gerät er selber in die Falle von blockierter Intimität und Kommunikationsproblemen mit seinem Partner, oder er wird mit Fragen der intimen Hingabe konfrontiert. Um andere zu heilen, sollte er erst sich selber heilen.

## Linie der Klarsichtigkeit

schwingt sich unter dem Merkur um den Mond-Berg. Ihr fließen die Energien vom Mond, der Intuition, und von Merkur, der Kommunikation, zu.

Die innere Stimme des Klarsichtigen ist immer auf Draht. Im Gegensatz zum Mond-Stern verfügt der Mensch mit einer Klarsichtigkeitslinie nicht nur über »Intuitionsblitze«, sondern er hat diese Gabe ständig greifbar, und sie funktioniert ganz automatisch. Sie muss nicht auf eine besondere Art abgerufen werden. Der Klarsichtige verfügt über verlässliche Einsichten bezüglich seiner selbst und anderer.

Der Klarsichtige kann auch als Lebenslehrer oder Lebens-Coach bezeichnet werden. Seine Aufgabe ist es, anderen zu helfen, sich selber kennen zu lernen, zu wissen, wer sie wirklich sind. Er ist es, der ihnen beistehen kann, wenn sie in eine Sinnkrise geraten, denn er versteht die Lebensgesetze. Auch kann er einen Sinn sehen, wo andere die Zusammenhänge nicht zu begreifen vermögen.

Wenn der klarsichtige Student sich seiner Gabe nicht bewusst ist, wird er von seinen Einsichten überwältigt und lehnt sie ab. Er fühlt sich verloren, andersartig und von anderen entfremdet. Er verliert jegliche Illusionen, denn er glaubt nicht an seine eigenen Eingebungen und kann auch nicht an die von anderen Menschen glauben. Durch die ständige Abwehr seiner Gabe verliert er sie mit der Zeit. Er neigt zu Depressionen und stagniert in seiner Entwicklung. Das kann so weit gehen, dass er das Gefühl hat, er sei ganz allein auf der Welt, weil er Dinge und Situationen erkennt, die andere nicht sehen können.

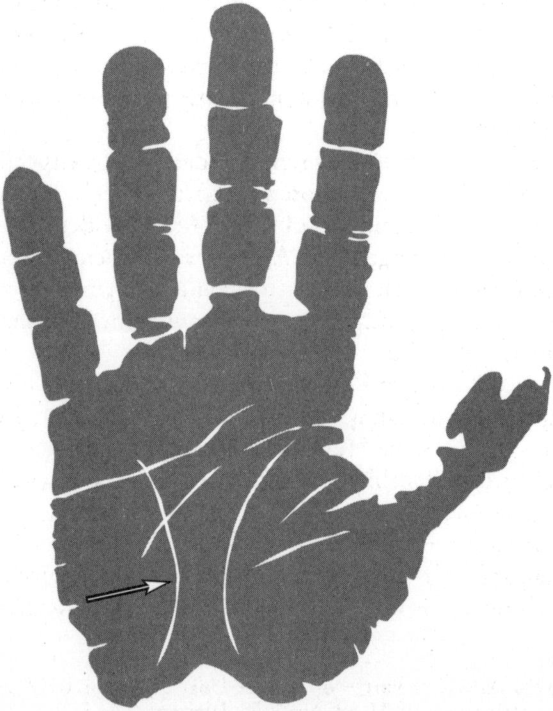

*Linie der Klarsichtigkeit*

# LifePrints© – Das revolutionäre Fingerabdruck-System von Richard Unger

Fingerabdrücke und die anderen Dermatoglyphen der Haut werden in einem Schub von Energie etwa in der 16. Schwangerschaftswoche in die Hände und Füße eines Fötus geprägt. Woher sie kommen, was sie bedeuten, konnte bis heute wissenschaftlich nicht geklärt werden. Aus der Kriminalistik ist es bekannt, dass die Fingerabdrücke für jeden Menschen einmalig sind. Jeder Quadratmillimeter jedes Fingerabdrucks ist einzigartig.

Es existieren empirische Studien von zeitgenössischen Handanalysten, allen voran Richard Unger[13], die aufzeigen, wie in den Fingerabdrücken die Anlagen, Begabungen und Herausforderungen zum Ausdruck kommen. So können wir nur erahnen, welche bahnbrechenden Erkenntnisse über die Psyche des Menschen darin liegen und wie einmalig, wie individuell sie sind.

Richard Unger hat das LifePrints© System in über 50 000 eigenen Handlesungen, seine Frau Alana in über 24 000 Lesungen und seine Studentinnen und Studenten in einer unbekannten Anzahl von geschätzten 75 000 Lesungen geprüft und verifiziert.

Aus den Fingerabdrücken kann man lesen, mit welcher Haltung ein Mensch sein Leben und seine Mitmenschen betrachtet. Diese Grundeinstellung zum Leben nennen wir die

13 Dieses System wurde von Richard Unger, Director, IIHA (International Institute of Hand Analysis, Tiburon, CA, U.S.A.) entwickelt. www.handanalysis.net

**»Schule«.** Mit einem speziellen Bewertungssystem der Fingerabdrücke erhält man Hinweise auf den **»Lebenszweck«** und die **»Lebenslektion«** eines Menschen.

## Wie erkennen Sie Ihre Schule aus Ihren Fingerabdrücken?

Wenn Sie Ihre Fingerabdrücke in einem Schema festhalten, können Sie erkennen, in welche Schule Sie geboren worden sind. Die Schule ist die Bühne, auf der sich Ihr Leben abspielt. Manche Menschen spielen gleichzeitig auf zwei oder vielleicht sogar drei Bühnen. Die Schule zieht sich als roter Faden durch Ihr Leben. Alles, was Sie fühlen und lernen, sehen Sie wie durch eine bestimmte Brille, der Brille des Dienens oder der Liebe, der Weisheit oder des Friedens. Diese Schule ist es, die Sie manchmal selbst von Ihnen nahe stehenden Menschen so absetzt, dass Sie sie nicht verstehen können. Sie verstehen sie nicht, weil sie die Welt mit einer blauen Brille sehen, während Sie sie mit einer gelben betrachten.

Wenn Sie lange genug Student in Ihrer Schule sind, entwickeln Sie die für diese Schule wichtige Fähigkeit. Dann sind Sie Meister in dieser Schule. Solange Sie nicht Meister sind, sind Sie Student, dem immer und immer wieder dieselben Lektionen in verschiedener, immer schwieriger werdender Form gestellt werden.

Wir unterscheiden vier Schulen und vier Sorten von Fingerabdrücken. Um die Schule zu ermitteln, zählen Sie die Fingerabdrücke von jeder Sorte.

### Die vier Grundtypen von Fingerkuppenabdrücken

- In der **Schule des Dienens** entwickeln Sie Ihre Fähigkeiten, sich, anderen und der Welt zu dienen.
- In der **Schule der Liebe** entwickeln Sie Ihre Fähigkeiten, sich selbst und andere zu lieben, Ihre Gefühle angemessen,

*Wirbel*
*Die Schule des Dienens*

*Schleife*
*Die Schule der Liebe*

*Zeltstange*
*Die Schule der Weisheit*

*Bogen*
*Die Schule des Friedens*

das heißt im richtigen Moment in der richtigen Art zu formulieren und zu zeigen.

- In der **Schule der Weisheit** entwickeln Sie Ihre Fähigkeiten, das anzuwenden, was Sie lernen, Risiken auf sich zu nehmen und Entscheidungen zu treffen.
- In der **Schule des Friedens** entwickeln Sie Ihre Fähigkeiten, sich auf der Erde sicher zu fühlen.

## Die Identifikation der Schule

| Schule | Art des Abdrucks | Symbol | Anzahl nötig |
|---|---|---|---|
| Dienen | Wirbel | ◎ | 3 = Vielleicht<br>4 = Definitiv |
| Liebe | Schleife | Ω | 7 = Vielleicht<br>8 = Definitiv |
| Weisheit | Zeltstange | ⊥ | 1 = Vielleicht<br>2 = Definitiv |
| Frieden | Bogen | ⌒ | 1 = Vielleicht<br>2 = Definitiv |

Beispiel einer Fingerabdruck-Tabelle:

| | Daumen | Jupiter | Saturn | Apollo | Merkur |
|---|---|---|---|---|---|
| **Rechts** | Ω | Ω | Ω | ◎ | Ω |
| **Links** | Ω | ⌒ | Ω | Ω | Ω |

In diesem Beispiel ist die Schule die Liebe, und vielleicht sind gewisse Elemente auch aus der Schule des Friedens. Sie können acht Schleifen, einen Wirbel und einen Bogen zählen.

In jeder Schule ist eine andere Anzahl Fingerabdrücke nötig, um die Schule identifizieren zu können:

- Vielleicht sind Sie in der Schule des Dienens, wenn drei Ihrer Fingerabdrücke Wirbel sind. Wenn es aber vier sind, dann sind Sie definitiv in der Schule des Dienens.
- In der Schule der Liebe sind Sie vielleicht, wenn sieben Ihrer zehn Fingerabdrücke Schleifen sind. Wenn es aber acht Schleifen sind, dann sind Sie definitiv in der Schule der Liebe.
- Sowohl in der Schule der Weisheit als auch in der Schule des Friedens benötigen Sie eine Zeltstange, beziehungsweise einen Bogen, um in der entsprechenden Schule zu sein, mit zwei sind Sie definitiv dabei.

Rein rechnerisch sehen Sie aus der oben stehenden Aufstellung, dass es möglich ist, in zwei oder sogar drei Schulen gleichzeitig zu sein. Wenn das der Fall ist, dann schauen Sie die Welt mit verschiedenen Brillen an und beschäftigen sich mit verschiedenen Lebensthemen.

Definieren Sie Ihre Fingerabdrücke, und zeichnen Sie sie in einer Tabelle auf (vgl. Beispiel auf Seite 122):

| | Daumen | Jupiter | Saturn | Apollo | Merkur |
|---|---|---|---|---|---|
| **Rechts** | ☐ | ☐ | ☐ | ☐ | ☐ |
| **Links** | ☐ | ☐ | ☐ | ☐ | ☐ |

Wenn Sie die Anzahl der verschiedenen Symbole zählen und sie nach der gegenüberliegenden Tabelle einreihen, erkennen Sie Ihre Schule.

**Die Schule des Dienens:** Die Antriebsfeder des Studenten dieser Schule ist der Wunsch zu helfen. Im Idealfall stärkt das Dienen sowohl den Gebenden als auch den Empfänger. Das Ergebnis ist zweitrangig, das Dienen an und für sich ist Befriedigung genug. Es steigert sich nicht zu einer Reihe von unzumutbaren Forderungen. Der Meister des Dienens fühlt sich bei dieser Tätigkeit wohl in seiner Haut.

Der Meisterweg ist die Selbstverständlichkeit des Dienens, das Bewusstsein, dass es das ist, was man tun möchte. Dienen ist dann nicht nur eine Tätigkeit, Dienen ist eine Einstellung zum Leben und seinen Mitmenschen gegenüber. Der Meister hat die Fähigkeit und die Lust, bewusst das Dienen als seinen Lebensrahmen zu wählen. Er wählt das Dienen für Sie, für sich und als Dienstleistung für den Planet Erde.

Der Student wird durch Versuch und Irrtum lernen zu dienen, ohne sich selbst dabei zu verlieren oder gar aufzugeben. Er sollte lernen, nicht in Knechtschaft zu verfallen oder das Dienen als beschwerliche Verpflichtung zu empfinden. Weil er gerne dient, wird er oft in Situationen kommen, wo er sich ausgenutzt fühlt, weil die Nachfrage nach seinen Dienstleistungen steigt. Wenn er sich selbst dabei aus den Augen verliert, hat dies oft zur Folge, dass er gar nichts mehr für andere tun möchte. Er sollte lernen »eigen-nützig« zu werden, sich selber zu nützen. Wenn er einen gesunden Egoismus gelernt hat, dabei aber seine Freude am Dienen nicht verliert, wird er eines Tages ein Meister des Dienens werden.

***Fritz** hat alle Arbeiten im Haus für seine Geschwister übernommen. Er tat ihnen gerne etwas zuliebe. Weil er immer alles erledigte, fingen sie an, immer weniger und weniger mitzuhelfen. Eines Tages beschloss er, dass ihm das zu viel wurde, und er streikte. Wenn seine Geschwister ihn um einen Gefallen baten, rief er: »Rutscht mir alle den Buckel runter, ich tue nie mehr etwas für andere. Das endet ja immer so, dass ich alles machen muss und Ihr gar nichts mehr.« Er tat so lange nichts mehr, bis er einsah, dass er seinen Geschwistern seine Grenzen klar vor Augen führen sollte. Sie stellten gemeinsam einen fairen Plan auf und verteilten die Aufgaben. Fritz übernahm noch immer den Löwenanteil, weil er dazu bereit war, zusätzliche Arbeiten seinen Geschwistern zuliebe zu übernehmen. Der Unterschied war jedoch, dass er sich sagen konnte: »Ich tue das; was mir passt … und es passt mir, anderen zu dienen.«*

**Die Schule der Liebe:** Das Ziel der Schule der Liebe ist, willig und fähig zu sein, seine Gefühle zu erkennen und sie ungeachtet der Erwartungen anderer so auszudrücken, wie sie sind. Es geht darum, sich selber anzunehmen und sich nicht in ein geheimes Leben von heldenhaftem Gleichmut zurückzuziehen.

Der Meister der Liebe nimmt seine eigenen Gemütsbewegungen und seine Empfindungen ernst. Er bleibt bei seinen Gefühlen, was auch immer deren Inhalt sei. Er trägt keinen Rucksack voll beleidigter und verletzter Gefühle mit sich herum. Seine Gefühlswelt kann er klar ausdrücken. Er besitzt die Fähigkeit, die gesamte Palette seiner Gefühlswelt zu spüren, darzustellen und mitzuteilen, im rechten Augenblick, in der angemessenen Heftigkeit, ohne Ängstlichkeit.

Der Student der Liebe lernt in der Lebensschule, sich selbst und andere zu lieben und seine Gefühle angemessen und zum richtigen Zeitpunkt auszudrücken. Am Anfang fühlt er sich überwältigt von seinen Empfindungen, und er stopft sie weg und will sie nicht wahrhaben oder erkennen. Wenn er in eine Situation kommt, wo er gefühlsmäßig reagieren sollte, erstarrt er, er will nicht fühlen. Er versteckt sich, streitet alles ab, beschuldigt die anderen. Er stopft seine Gefühle so lange in sein Unterbewusstsein, bis er eines Tages unangemessen explodiert.

***Rosmaries** Ehemann nörgelte gern und oft an allem herum, was sie tat und nicht tat. Sie schluckte seine Kritik und versuchte, es besser zu machen und nichts zu vergessen. Sie sagte nichts, denn sie hatte ja schon als Kind die Kritik ihres Vaters unwidersprochen hingenommen. Eines Abends ging sie ins Badezimmer und sah, dass ihr Mann einmal mehr das Waschbecken nicht ausgewaschen hatte und Spuren von Zahnpasta daran klebten. Rosmarie rannte ins Wohnzimmer, stellte sich mit den Händen in den Hüften vor ihrem Mann auf und schrie ihn wütend an: »Kannst du denn nicht endlich lernen, das Waschbecken zu putzen, muss ich denn immer alles für dich machen?« Empört schrie ihr Mann nun zurück. Ihr Streit eskalierte zu einem lauten Gebrüll, wo keiner dem anderen mehr zuhörte, und Vorwürfe, die Jahre zurücklagen, von beiden Seiten verletzend dem anderen an den Kopf geworfen wurden. Was war geschehen? Rosmarie hatte ihren Ärger über die ständige Kritik ihres Mannes so lange heruntergeschluckt, bis kein Platz mehr für ihre Wut vorhanden war. So entzündete sich ihre Wut an einer Kleinigkeit, die niemals die Ursache für den Streit sein konnte. Hätte sie von Anfang an ihrem Ärger über seine Nörgelei Luft gemacht, wäre es nie zu so einem unkontrollierten, unangemessenen Streit gekommen.*

**Die Schule der Weisheit:** In der Schule der Weisheit lernt man, nicht nur zu beobachten, sondern sich auch einzubringen. Man ist bereit, sich zu verpflichten, einen hohen Einsatz zu bieten, sich selber auch in Gefahr zu bringen. Weisheit zu besitzen bedeutet auch, ein gutes Urteilsvermögen zu haben, ohne wertend zu sein; objektiv zu beurteilen, ohne Kälte; Einsicht zu haben, ohne zu kopflastig zu werden.

Der Meister der Schule der Weisheit hat einen Überblick über das Ganze. Er bewertet eine Situation und riskiert es, sich zu beteiligen, mitzuwirken. Er ist in der Lage, über sich selber zu lächeln, nimmt das Leben mit Freude und Leichtigkeit und vermag es, alles aufs Spiel zu setzen oder auch nicht, denn er hat die Weisheit zu wissen, wann er es wagen kann und wann nicht.

Der Student sitzt auf dem Zaun und neigt sich ein Mal zur einen, das andere Mal zur anderen Seite. Soll er seinen Fuß rechts oder links absetzen? Soll er den rechten Weg nehmen oder den linken oder den in der Mitte, oder gibt es gar noch einen vierten? Er steht auf dem Fünf-Meter Sprungturm und bleibt stehen, stundenlang. Soll er springen? Ist es nicht doch zu hoch? Ist das Wasser nicht zu kalt? Kann man sich verletzen? Was wenn er nicht senkrecht eintaucht, sondern auf dem Bauch landet? Ist das Risiko zu groß? Soll er nicht lieber einen Experten fragen?

Der Student sollte lernen, sein Wissen, das er sich angeeignet hat, nun auch anzuwenden. Er sollte am Leben teilnehmen und nicht noch mehr lernen, oder noch mehr fragen. Es geht jetzt vielmehr darum, anzupacken und das Gelernte mit einer gewissen Leichtigkeit des Seins umzusetzen.

***Priska** hatte eine Lehre als Verkäuferin gemacht. Sie wusste zwar lange nicht, was sie werden sollte, aber mit Hilfe ihrer Eltern traf sie dann doch einmal eine Entscheidung. Bald wollte sie heiraten. Markus und Michael wären beide in Frage gekommen, und sie wusste lange nicht, wen sie nehmen sollte. Aber dann wurde sie von Markus schwanger, und für sie war die Sache klar. Sie heiratete Markus. Das Kind kam* *nie zur Welt, sie verlor es im dritten Schwangerschaftsmonat. Drei Jahre nach der Heirat begegnete sie wieder Michael. Sie ließ sich von Markus scheiden und heiratete Michael.*

*Als Verkäuferin war sie nicht glücklich. Deshalb wollte sie doch wieder versuchen, ihre künstlerische Begabung umzusetzen. Sie besuchte Kurse und lernte Farbtechnik und Pinselführung. Wenn sie sich vor eine leere Leinwand setzte, überkam sie die Panik. Also besuchte sie weitere Kurse, in denen sie das Arbeiten mit Ton und die Bildhauerei erlernte. Aber das konnte sie auch nicht umsetzen, immer wieder kamen Zweifel an ihren Fähigkeiten auf.*

*Vielleicht hatte sie doch eher eine psychologische Begabung. Sie machte eine Weiterbildung zu diesem Thema. Dann Kurse, die beides verbanden, die Psychologie und das Malen. Sie eröffnete eine Praxis. Als sie aber nach drei Monaten noch immer nicht genügend Klienten hatte, besuchte sie einen weiteren Kurs in Coaching.*

*Als sie zu mir kam, wollte sie wissen, wo nun ihre Begabung läge. Priska hatte künstlerische Begabungen und auch Fähigkeiten, anderen Menschen zu helfen. Das hatte sie bereits erkannt, sie musste dies nur noch umsetzen, an sich glauben, und nach Wegen suchen, Klienten für ihre Praxis zu finden. Sie lauschte meinen Ausführungen aufmerksam. Sie verstand jedes Wort und war auch einverstanden, dass sie endlich anfangen sollte, das in Arbeit umzusetzen, was sie gelernt hatte. »Ja, das mache ich, aber zuerst muss ich noch einen Kurs in Buchhaltung besuchen, damit ich das auch richtig mache mit meiner eigenen Praxis!« Ich seufzte – aber nur innerlich – und konnte ihr an ihrem eigenen Beispiel erklären, wie sie sich immer wieder selber ein Bein stellte. Sie hatte ihre Praxis bereits eingerichtet, nun sollte sie ihre Kräfte darauf konzentrieren und nicht wieder etwas Neues lernen.*

**Die Schule des Friedens:** In der Schule des Friedens sucht der Student einen tiefen Frieden in sich selbst. Es geht darum, ein Gleichgewicht zwischen Spiel und Arbeit zu finden, die Freuden des Lebens zu erkennen, sich in seinem Körper und der Welt sicher zu fühlen. Er lernt, durch das Leben zu gehen, ohne eine endlose Reihe von Notfällen zu erzeugen, die ihn von seiner Verantwortung ablenken und abhalten. Hart zu arbeiten gehört zum Leben, aber es sollte Zeit für die Familie und für Freunde bleiben.

Der Meister des Friedens hat den Kampf um die Existenz gegen die Ruhe nach dem Sturm eingetauscht. Er bewegt sich durch die Panik hindurch zur Stille. Er ist in der Lage, seine Selbstachtung von den ihn umgebenden Umständen zu trennen. Er kann seine innere und seine äußere Welt im Gleichgewicht halten. Er beobachtet die Welt mit wachsamer Stille, wie ein Jäger auf der Pirsch. Er weiß, dass jedes Ding seine Zeit hat. Er liebt die Natur, die Reinheit und die Ruhe.

Der Weg dahin führt den Studenten über Panik und Aufregung. Er fühlt sich in der Welt ständig bedroht und nirgends sicher. Um ihn herum muss immer etwas in Bewegung sein, es ist, als ob er süchtig nach Adrenalin wäre. Wenn etwas passiert, darf er in seinen Augen nicht zur Ruhe kommen, denn vor der Ruhe hat er Angst. Da könnten ja Gefahren lauern. Alles ist ein Kampf, selbst der wöchentliche Einkauf. Der Körper ist ein Feind, der nicht das tut, was man ihm sagt.

***Patrizia*** *konnte schon als Kind nicht länger als fünf Minuten still sitzen. Immer wieder bemerkte sie etwas, was ihre Aufmerksamkeit in Anspruch nahm: Das Heulen des Windes, einen Hund auf der anderen Straßenseite, den Schatten, den die Lampe auf die Decke warf. Später sprang sie alle paar Minuten vom Esstisch auf: Sie war nicht sicher, ob sie das für die Hausaufgaben benötigte Buch mitgebracht hatte; sie musste noch schnell mit ihrer Freundin telefonieren, damit diese nicht ausging, bevor sie sie noch etwas gefragt hatte; sie musste im Fernsehen nachsehen, was der Hurrikan in Florida angerichtet hatte.*

*Sie hat sich kaum verändert. Heute ist sie Fitnesslehrerin. Sie rackert sich ab, denn sie will fit sein, aber wohl fühlt sie sich nicht in ihrem Körper. Sie ist Präsidentin des Tennisclubs, sie arbeitet am Wochenende als Serviererin in einem Café, sie hat eine Familie mit zwei Kindern, für die sie nie genug Zeit hat, nebenbei studiert sie nämlich noch Psychologie. Alles, was nicht dem normalen Ablauf der Dinge entspricht, versetzt sie in Panik. Die Katze kommt nicht, wenn sie gerufen wird: »Sie kommt NIE MEHR nach Hause, sie ist unter ein Auto geraten!« »Wo ist mein Portemonnaie? Es waren die ganzen Trinkgelder von gestern darin, mehr als 300 Euro. Jemand hat es gestohlen, ich habe es verloren, ich könnte mich ohrfeigen.« Dabei hat sie es selber an einen sicheren Ort gelegt, weil so viel Geld darin war.*

*Patrizia sollte zur Ruhe kommen. Ich riet ihr, ihren zweiten Job aufzugeben und das Präsidium des Tennisclubs an ihren Vizepräsidenten abzutreten. Sie soll sonntags mit ihrer Familie wandern gehen. Wenn sie in Panik-Situationen kommt, soll sie sich ruhig hinsetzen und logisch darüber nachdenken. Sie muss nicht Präsidentin des Tennisclubs sein, um ihr Selbstwertgefühl aufzuwerten. Sie ist eine großartige Frau, die schon viel in ihrem Leben geleistet hat. Sie sollte lernen, sich in ihrem Körper und in ihrem Leben sicher zu fühlen.*

## Wie erkennen Sie Ihren Lebenszweck aus Ihren Fingerabdrücken?

Nachdem Sie oben die Grundeigenschaften Ihrer Schule erfahren haben, fahren Sie nun weiter mit der Definition Ihres Lebenszwecks.

Ihr Lebenszweck ist Ihre treibende Kraft. Das, was Ihnen auf der höchsten Ebene Befriedigung verschafft. Ob Sie Ihren Lebenszweck bewusst kennen oder nicht, er ist die Richtlinie für Ihr Leben. Er steht hinter den Ereignissen in Ihrem Leben, er sucht immer nach Ausdruck in allem, was Sie tun, fühlen und sagen. Mehr als nur ein Ziel, ist der Lebenszweck Ihr wahres Leben. Er drückt sich natürlich und kraftvoll in allem aus, was Sie tun.

Wenn Sie Ihren Lebenszweck kennen, haben Sie den Überblick über Ihr gesamtes Leben, Sie haben eine Perspektive, Sie verstehen die Bedeutung von vergangenen Ereignissen und gegenwärtigen Umständen in Ihrem Leben, und Sie sehen, wie sich Ihre Rolle in Ihrer Lebensgeschichte entfaltet.

Ihr Lebenszweck macht den Sinn Ihres Lebens aus. Ihn zu finden, ist das wichtigste Ereignis Ihres Lebens.

Jede Sorte von Fingerabdrücken kann in eine Rangordnung eingereiht werden:

| | | | | | |
|---|---|---|---|---|---|
| **Wirbel** | ◎ | **4** | **Zeltstange** | ⊥ | **2** |
| **Schleife** | Ω | **3** | **Bogen** | ⌒ | **1** |

Schauen Sie sich nochmals das Beispiel an:

| | **Daumen** | **Jupiter** | **Saturn** | **Apollo** | **Merkur** |
|---|---|---|---|---|---|
| **Rechts** | Ω 3 | Ω 3 | Ω 3 | ◎ 4 | Ω 3 |
| **Links** | Ω 3 | ⌒ 1 | Ω 3 | Ω 3 | Ω 3 |

Der Fingerabdruck mit dem höchsten Rang ist der rechte Apollofinger. Somit ist der rechte Apollo Ihr Lebenszweck.

Die Bedeutung der Fingerabdrücke für den Lebenszweck sehen Sie in der *Lebenszweck*-Tabelle:

| | **Daumen** | **Jupiter** | **Saturn** | **Apollo** | **Merkur** |
|---|---|---|---|---|---|
| **Rechts** | Weltlicher Erfolg, fassbare Ergebnisse. Der Macher | Macht, »Power«, Autorität, Einfluss. Die Führungspersönlichkeit | Verantwortlichkeit, Geld, Unbescholtenheit. Die Geschäftsperson | Kreativität, Ruhm, Individualismus. Der Künstler | Hat eine Botschaft abzugeben. Der Autor, Redner |
| **Links** | Familien- oder Gemeinschaftsbande ohne Selbstaufgabe | Persönliche Kraft, Leidenschaft, seine Stellung behaupten | Persönliche Unbescholtenheit. Der Lehrer. Der Mentor | Erfindungsreichtum, meinem Handwerk treu, mit Kritik umgehen. Der Neuerer | Inspirierte Kommunikation. Der Heiler |

Der Lebenszweck kann sich auch auf mehreren Fingerkuppen befinden:

| | | |
|---|---|---|
| Auf beiden | **Daumen** | Der Macher |
| Auf beiden | **Jupiter** | Der Führer |
| Auf beiden | **Saturn** | Der Mentor |
| Auf beiden | **Apollo** | Der Künstler |
| Auf beiden | **Merkur** | Der Heiler |

Wenn sich der Lebenszweck aus Fingerabdrücken von verschiedenen Fingern zusammensetzt, dann besteht Ihr Lebenszweck aus verschiedenen Teilen, deren Bedeutung es zusammenzuführen gilt. So könnte Ihr rechter Daumen plus Ihr rechter Saturn Ihr Lebenszweck sein. Dann wären Sie eine erfolgreiche Geschäftsperson. Wenn Ihr linker Jupiter und Ihr rechter Apollo Ihren Lebenszweck darstellen, dann sind Sie ein leidenschaftlicher Künstler. Wenn Ihr rechter Daumen, Ihr rechter Jupiter und Ihr linker Merkur Ihr Lebenszweck sind, sind Sie ein erfolgreicher Heiler mit Führungsqualitäten. Ihre beiden Jupiter zusammen mit Ihrem linken Merkur ergeben einen inspirierenden Führer. Wenn Ihr Lebenszweck aus sechs oder mehr Ihrer Fingerabdrücke besteht, dann wird Ihre Schule zu Ihrem Lebenszweck. Es gibt eine Vielzahl an Kombinationen, auf die ich im Rahmen dieses Buches jedoch nicht eingehen kann.[14]

## Wie erkennen Sie Ihre Lebenslektion aus Ihren Fingerabdrücken?

Ihre Lebenslektion ist Ihr größter blinder Fleck, das Gebiet Ihres größten Widerstands, das größte Hindernis, die höchste Hürde, der Stein, über den Sie immer wieder stolpern. Sie ist Ihre größte Schwachstelle. Der Teil, von dem Sie hoffen,

14 Richard Unger gibt Kurse über LifePrints© in Zürich. Näheres erfahren Sie auf seiner Website: www.handanalysis.net

dass ihn nie jemand erkennt (vielleicht sogar Sie selbst nicht). Sie ist die Personifizierung Ihrer größten Befürchtungen bezüglich Ihrer eigenen Person.

Ihre Lebenslektion ist da, um Ihnen den Weg zu Ihrem Lebenszweck zu weisen. Ihre Lebenslektion macht Ihnen das Leben schwer, mit der Absicht, dass Sie immer besser lernen, damit umzugehen. Sie ist ein wesentlicher Teil Ihres Lebens, und je schneller Sie sie kennen lernen, desto unverkrampfter werden Sie ihr begegnen. Ihr Ziel wird es sein, sie als alte Freundin zu begrüßen, ihr auf die Schulter zu klopfen und ihr zu sagen: »Ach, du bist es wieder, dich kenne ich. Ich weiß, dass du mir helfen willst.«

Beispiel:

| | **Daumen** | **Jupiter** | **Saturn** | **Apollo** | **Merkur** |
|---|---|---|---|---|---|
| **Rechts** | 3 | 3 | 3 | 4 | 3 |
| **Links** | 3 | 1 | 3 | 3 | 3 |

Aus demselben Beispiel oben erkennen Sie den linken Jupiter als Lebenslektion, weil er in diesem Beispiel den niedrigsten Rang aufweist.

Die Bedeutung der Fingerabdrücke für die Lebenslektion sehen Sie in der *Lebenslektion*-Tabelle:

| | **Daumen** | **Jupiter** | **Saturn** | **Apollo** | **Merkur** |
|---|---|---|---|---|---|
| **Rechts** | Nichtvollendung, Frustration. Der Versager | Machtlosigkeit, Hilflosigkeit, Überwältigtsein, Kraftlosigkeit | Unverantwortlichkeit, Geldprobleme, Fragen der Integrität | Blockierte Kreativität, Teilnahmslosigkeit, Entfremdung | Schwierigkeit, für sich selbst zu sprechen |
| **Links** | Gestörte Familien- oder Gemeinschaftsbande | Übergriff, Betäubung, Scham | Fragen der Integrität, verlorenes Selbstwertgefühl, Schuldgefühle | Lähmende Angst vor Abweisung | Falsche Hingabe, besonders in Beziehungen |

Die Lebenslektion kann sich auch auf mehreren Fingerkuppen befinden:

| | | |
|---|---|---|
| Auf beiden | **Daumen** | Versagen |
| Auf beiden | **Jupiter** | Machtlosigkeit |
| Auf beiden | **Saturn** | Wertlosigkeit |
| Auf beiden | **Apollo** | Teilnahmslosigkeit |
| Auf beiden | **Merkur** | Falsche Hingabe |

Ähnlich wie beim Lebenszweck, besteht Ihre Lebenslektion aus verschiedenen Teilen, wenn sich die Lebenslektion aus Fingerabdrücken von verschiedenen Fingern zusammensetzt. Auch hier gilt es, deren Bedeutung zusammenzuführen. So könnte Ihr rechter Jupiter plus Ihr rechter Saturn Ihre Lebenslektion sein. Dann wären Sie in geschäftlichen Dingen, vor allem mit Geld, machtlos. Wenn Ihr linker Daumen, Ihr linker Saturn und Ihr linker Merkur Ihre Lebenslektion sind, ordnen Sie sich innerhalb der Familie unter und hegen dabei Schuldgefühle. Wenn Ihre Lebenslektion aus sechs oder mehr Ihrer Fingerabdrücke besteht, ist Ihre Schule Ihre Lebenslektion.

Auch hier gibt es wiederum eine Vielzahl an Kombinationen, die den Rahmen dieses Buches sprengen würden.

# Konstanten und Veränderungen

In der Hand wird zwischen den unveränderbaren Dermatoglyphen und den variablen Faktoren unterschieden. Die Dermatoglyphen kommen an den Fingerinnenflächen, den Handflächen und den Fußsohlen vor und bestehen aus kleinen Furchen, die teilweise parallel verlaufen. Medizinisch gesehen sind sie genetisch festgelegt und charakteristisch für jeden Menschen. Sie verändern sich nicht im Laufe des Lebens. Am besten sind sie als Fingerabdrücke bekannt.

Die variablen Faktoren in der Hand sind im Allgemeinen weniger bekannt. Am schnellsten verändert sich die Hautfarbe, die bereits innerhalb Sekunden von Rosarot zu Weiß zu Hochrot wechseln kann, wenn man gefühlsmäßig engagiert ist. Ferner können sich die Nebenlinien in der Hand innerhalb weniger Monate verwandeln. Die Hauptlinien, außer der Saturnlinie, verändern sich weniger. Finger können wachsen, Fingerabschnitte prominenter werden, in ihrer Dominanz zurücktreten oder in ihrer Form anders werden.

Außer der sicht- und messbaren Veränderung gibt es noch sich verändernde Wahrnehmungen. Wenn Sie Ihre Hand innerhalb von kurzer Zeit von verschiedenen oder sogar von demselben Handanalysten beurteilen lassen, werden Sie verschiedene Resultate, vor allem im Bereich der Nebenlinien und besonderen Zeichen, feststellen. Der Handanalyst schaut in Ihre Hand und sieht Zeichen, die ihm in diesem Augenblick ins Auge fallen und deshalb für Sie wichtig sind. Diese subjektive Wahrnehmung kann sich in kurzer Zeit ändern. Schauen Sie in Ihre eigene Hand. Sie werden feststellen, dass

Ihnen an einem Tag das eine Zeichen oder die eine Linie, an einem anderen Tag ein anderes Zeichen oder eine andere Linie auffallen. In diesem Kapitel möchte ich ein Beispiel einer solchen Veränderung durch Abdrücke belegen.

*Zum Vergleich sehen Sie auf der nächsten Doppelseite die linke Hand von* ***Sofia*** *im Jahre 1995 und dieselbe Hand im Jahre 2002.*

*Bei gewissen Linien, zum Beispiel der Herzlinie, der Kopf- und der Lebenslinie erkennen Sie denselben Schwung und dieselbe Qualität. Am deutlichsten erkennen Sie aber an den Dermatoglyphen – den Fingerabdrücken und den der Schleife im Mond-Berg –, dass es sich um die linke Hand derselben Person handelt. Die Veränderungen in den Linien sind ebenfalls klar feststellbar. Ich möchte gerne einige Faktoren herausgreifen, auf die ich näher eingehen möchte.*

*Am auffallendsten im Abdruck aus dem Jahr 1995 ist die* ***Linie,*** *die sich* ***um den Mond-Berg*** *gelegt hat. Von Sofia weiß ich, dass sie zu dieser Zeit eine Tätigkeit ausübte, bei der sie sehr viel öffentlicher Kritik ausgesetzt war. Es sieht so aus, als hätte sie einen Schutzwall um ihre tiefen Mondgefühle gelegt. Im Abdruck von 2002, nachdem sich Sofia ins Privatleben zurückgezogen hatte, ist diese Linie gänzlich verschwunden. Sie konnte ihren Gefühlen wieder freien Lauf lassen. Die Linie scheint eine Merkurlinie zu sein, die »Innere Stimme«, die kommuniziert, dabei aber die tiefen Gefühle abschottet. Wie ich schon früher beschrieben habe, kommt es bei einer unbekannten Linie immer darauf an, wo in der Hand sie sich befindet. Diese Linie liegt um den Mond-Berg herum und hat somit etwas mit Intuition und Fantasie zu tun.*

*Die Aufgaben von Sofia verlangten von ihr Führungseigenschaften und Zielstrebigkeit. Sie musste Prioritäten richtig setzen, und sie stand in einem Wettbewerb mit ihren Kollegen. Der* ***starke Jupiter*** *legt Zeugnis ab über die Wichtigkeit dieser Funktionen für Sofias Tätigkeit. Nur der* ***untere Jupiterfinger-Abschnitt*** *zeigt Probleme mit dem Setzen von Grenzen auf. Die Eigenschaften sind 2002 immer noch da,* *aber sie stehen nicht mehr im Vordergrund von Sofias Tätigkeit, während sich der untere Jupiter ebenmäßiger präsentiert.*

*Der **starke Venusgürtel** bezeugt Sofias emotionale Empfindlichkeit. Er dient ebenfalls als Schutzwall gegen allzu starke Gefühle. Reste davon sind 2002 noch vorhanden, aber Sofia hat sich offenbar erfolgreich mit ihrer Empfindlichkeit auseinander setzen können. Die Empfindsamkeit ist noch da, aber sie wirft Sofia nicht mehr so aus ihrer Bahn, dass sie sich gegen sie abschotten muss.*

*Auffallend ist auch der **»unbefestigte« schwache Daumen.** Trotz ihrer verantwortungsvollen Aufgaben verfügte Sofia zum Zeitpunkt des Handabdrucks über wenig Durchhaltewillen und Kraft. Auch liegt der Daumen-Ansatz sehr hoch, was bedeutet, dass Sofia Schwierigkeiten hat, Aufgaben an-*

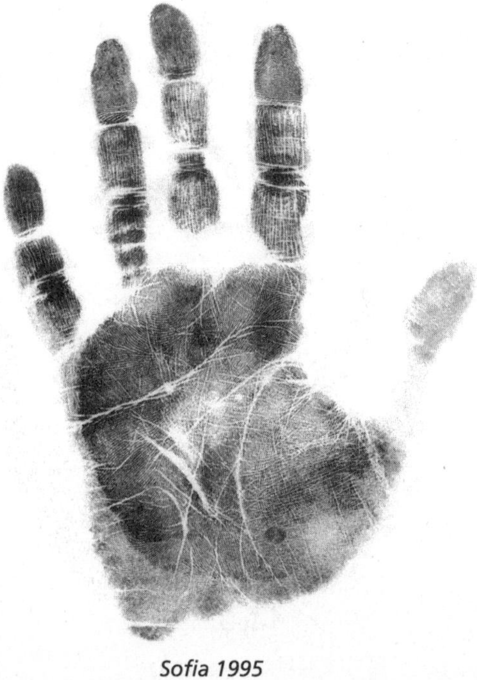

*Sofia 1995*

*zupacken und zu einem Ziel zu führen. Dank der Größe ihres Daumens und des recht großen Winkels dürfte Sofia diese Probleme aber mit ihrem starken Willen überwunden haben. Dieser Kraftakt kostet sie aber viel Mut. Ihr* ***angefressener Mars-Berg*** *sowie die weißen Stellen in der Mitte ihrer Hand zeigen diesen Verlust an Energie und Kraft auf. Im Handabdruck aus dem Jahre 2002 scheinen sich die Energien in Sofias Hand zu erholen. Sie wirkt allgemein stärker und ausgewogener, vor allem fällt der Daumen im Gegensatz zum Abdruck von 1995 als besonders stark auf.*

*Der* ***Saturn,*** *der sich in seinem oberen Abschnitt an Apollo anlehnen will, ist vollständig vom nährenden Boden der Handfläche abgetrennt. In 2002 ist er dabei, sich zu erholen, er ist gerade, vor allem im mittleren Abschnitt, und die Verwurzelung wächst nach unten gegen die Handfläche.*

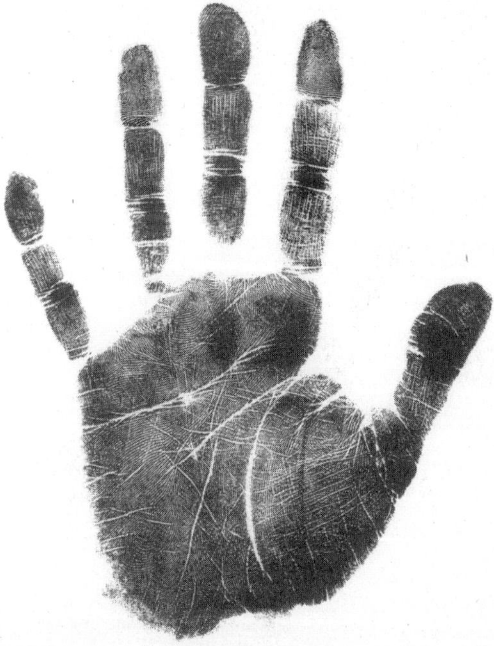

Sofia 2002

# Hilfe zur Selbstanalyse

## Wie gehen Sie bei einer Selbstanalyse Ihrer Hände vor?

Schauen Sie sich Schritt für Schritt und mit Hilfe des theoretischen Teils die verschiedenen Faktoren in Ihrer Hand an, und notieren Sie, was Sie finden.

| | |
|---|---|
| 1. | Bezeichnen Sie die **Grundform** Ihrer Hand (Erde, Luft, Wasser, Feuer oder Mischform). |
| 2. | Bestimmen Sie Ihre **Daumen** (Winkel, Größe, Flexibilität). |
| 3. | Suchen Sie nach Ihrem **stärksten Finger** (Jupiter, Saturn, Apollo, Merkur – Dschungeltest). |
| 4. | Schauen Sie das Verhältnis der einzelnen **Fingerabschnitte** zu den anderen an. |
| 5. | Prüfen Sie den Energiegehalt in Ihren **Hand-Bergen** (Farbe, Fülle). |
| 6. | Bestimmen Sie Ihre **Herzlinie** (leidenschaftlich, großes Herz, Einsiedler, romantischer Analyst). |
| 7. | Ordnen Sie Ihre **Kopflinie** ein. |
| 8. | Entscheiden Sie, welche **Lebenslinie** Sie haben. |
| 9. | Untersuchen Sie Ihre **Karrierelinie.** |
| 10. | Überlegen Sie, welche **Nebenlinien** Sie sehen. |
| 11. | Prüfen Sie, ob Sie noch **andere Zeichen** sehen können, und wo diese in Ihrer Hand liegen. |
| 12. | Suchen Sie nach **Begabungszeichen.** |
| 13. | Jetzt überprüfen Sie, ob die Aussagen in Ihrer Hand grundsätzlich für Sie stimmen, und versuchen Sie, sich ein **Gesamtbild** Ihrer Persönlichkeit zu machen. |

Es ist möglich, in Ihrer Hand nicht nur Zeichen zu deuten, sondern auch nach gewissen Eigenschaften zu suchen. Wenn Sie wissen, welche Zeichen zu welchen Eigenschaften passen, können Sie diese orten.

Auch wenn Sie mehrere der unten beschriebenen Zeichen für Kreativität in Ihren Händen finden, heißt das noch nicht, dass Sie ein berühmter Maler werden. Ihr Potenzial ist erkennbar, aber zum Erfolg gehören noch andere Faktoren wie zum Beispiel der Fleiß, der Wille, das Ziel zu erreichen, die Energie dazu usw.

In diesem Kapitel komme ich auf die Faktoren in den Händen zurück, die ich in den vorhergehenden Kapiteln bereits behandelt habe. Deren wichtigste Daten habe ich zum leichteren Verständnis nochmals zusammengefasst. Sie werden in den Beschreibungen der Eigenschaften Wiederholungen der Erklärungen für die Faktoren und Zeichen finden. Ich tue dies, damit Sie zu jeder Eigenschaft und zu jedem Beruf die ganze Erklärung in einem Abschnitt haben und nicht an anderer Stelle nachschlagen müssen. Auch habe ich die Eigenschaften eines Zeichens in den Vordergrund gestellt, die zu der Frage passen. Die meisten Faktoren haben noch weitere Bedeutungen. Wenn Sie Genaueres über die einzelnen Zeichen erfahren möchten, finden Sie diese in den entsprechenden Kapiteln ausführlicher beschrieben wieder. Die Liste der Eigenschaften ist keinesfalls abschließend und kann jederzeit erweitert werden.

Für alle aufgeführten Eigenschaften gilt, dass das Potenzial hierfür vorhanden ist. Dieses Reservoir an Möglichkeiten muss dann mit der notwendigen Energie genutzt werden. Nun enthalten jedoch alle Eigenschaften im Kern auch immer ihr Gegenstück: Wenn Sie also ein kreativer Mensch sind, der das Bedürfnis hat, seine Kreativität zu zeigen und der Öffentlichkeit zu präsentieren, wohnt Ihnen sicher auch eine Ur-Angst vor genau dieser Öffentlichkeit und deren Kritik inne. Diese Angst bezeichnet der Handanalyst als »Tomatenangst«. Wenn Sie eine Führungspersönlichkeit sind, mit starker persönlicher Kraft und Ausstrahlung, haben Sie auch Seiten, die kindlich und ängstlich sind. Wenn Sie ein zuverlässiger, selbstsicherer Geschäftsmann sind, können Sie zuweilen Mühe haben, einfache Verträge einzuhalten. Diese Gegensätze sind menschlich. Im Leben geht es darum, die unterschiedlichen Aspekte einer Persönlichkeit zu integrieren und seinen wahren Lebenszweck anzustreben.

Die Eigenschaften, die ich einem Beruf zugeordnet habe, sind Beispiele aus meiner Praxis- und Lebenserfahrung und müssen nicht zwingend so sein. Vielleicht sehen Sie noch andere, die wichtig sind, oder Sie können die von mir beschriebenen Eigenschaften für diesen Beruf nicht nachvollziehen. Dann suchen Sie im theoretischen Teil nach den für Sie richtigen Eigenschaften und bauen Sie die Zeichen aus der Hand in meine Liste ein. Sie können auch prüfen, ob andere Berufe als die hier aufgeführten zu Ihnen passen. Machen Sie sich eine Liste der für diesen Beruf notwendigen Persönlichkeitsaspekte und suchen Sie im theoretischen Teil danach.

Jedes der unten beschriebenen Zeichen allein kann schon auf die gesuchte Eigenschaft hindeuten. Wenn mehrere Faktoren in dieselbe Richtung zeigen, verstärkt sich die Wahrscheinlichkeit, dass Sie zum Beispiel ein kreativer Mensch sind und mit einer Aufgabe in dieser Richtung erfolgreich sein werden. Das gilt sinngemäß auch für die anderen Themenkreise, die unten beschrieben sind.

## Eigenschaften

### Sind Sie ein kreativer, individualistischer Mensch?

Der **Apollo-Stern** besteht aus drei Linien unter Ihrem Ringfinger, die in einem gemeinsamen Punkt zusammenkommen. Er ist das höchste Zeichen für Kreativität, das in einer Hand zu finden ist. Die **Apollolinie** ist eine Linie, die von der Herzlinie oder sogar von der Handwurzel zu Ihrem Ringfinger führt. Sie steht für Gestaltungsdrang, dem Bedürfnis nach Selbst-Ausdruck, Anerkennung und Applaus. Der **obere**

**Abschnitt des Apollo** deutet das »kritische Auge« an. Wenn dieser Abschnitt im Vergleich zu den anderen Abschnitten Ihrer Finger stark, gerade und voll scheint, dann nennen Sie dieses kritische Auge Ihr Eigen, das für die Beurteilung der eigenen Arbeit notwendig ist. Ein starker oberer Apollo-Abschnitt hat mit kreativen Konzepten zu tun, mit dem sicheren Geschmack und dem Sinn für Schönheit. Der **mittlere Abschnitt des Apollo** deutet auf Sinn für Schönheit, für Kunst und Kunsthandwerk sowie für das äußere Erscheinungsbild. Ist dieser stark, haben Sie wichtige Eigenschaften, die für Ihre Kreativität sprechen. Der **Apollo-Berg** ist ein »Hügel« unter dem Ringfinger. Wenn er voll, prall und rosarot gefärbt ist, ist reichlich Energie für eine kreative Tätigkeit vorhanden. Der **Mond-Berg** ist der Bereich Ihrer Hand unter dem kleinen Finger bei der Handwurzel. In ihm sitzt die Energie für Intuition und Fantasie. Wenn Sie über eine **geschwungene Kopflinie, die im Mond-Berg endet,** eine Persephonelinie, verfügen, deutet dies auf besonders viel Fantasie, Intuition und Kreativität hin. **Venusgürtel** sind Linien, die sich wie ein Ring um Apollo- und Saturnfingeransatz legen und sich zwischen der Herzlinie und den Fingeransätzen, auf den Finger-Bergen, befinden. Sie versinnbildlichen Gefühle, die sich in Fantasie und idealisierten Bildern zeigen. Wenn Ihr **Lebenszweck** nach Richard Unger **Apollo** ist, wie im Kapitel LifePrints© beschrieben, können Sie davon ausgehen, dass Kreativität und Individualismus zu Ihren Begabungen gehören.

## Sind Sie intuitiv und fantasievoll?

Wenn Ihre **Apollolinie im Mond-Berg beginnt,** nennen wir sie die Talentlinie, die eine außerordentliche Kreativität mit dem Einfluss des Mondes, der Intuition und der Fantasie anzeigt. Wenn sie noch tiefer im Mond-Berg beginnt, kommen diese Eigenschaften aus dem Unterbewussten. Der **Mond-Stern** besteht aus drei Linien, die in einem gemeinsamen Punkt zusammenkommen und sich irgendwo auf dem

Mond-Berg befinden. Er symbolisiert plötzliche Eingebungen von Erkenntnissen. Seine Lage hat aber leicht unterschiedliche Qualitäten. Je mehr der Eigner sich auf seine Intuition verlässt, desto stärker wird sie werden. Wenn Sie eine **lange geschwungene Kopflinie, die im Mond-Berg endet** (Persephonelinie), haben, dann verfügen Sie über außergewöhnlich viel intuitive Weisheit und Fantasie. Eine **Klarsichtigkeitslinie** schwingt sich unter dem Merkur um den Mond-Berg. Ihr fließen die Energien vom Mond, der Intuition, und von Merkur, der Kommunikation, zu. Der Mensch mit einer Klarsichtigkeitslinie verfügt nicht nur über »Intuitionsblitze«, sondern er hat diese Gabe ständig greifbar, und sie funktioniert automatisch. Der Klarsichtige besitzt verlässliche Einsichten bezüglich seiner selbst und anderer.

## Sind Sie technisch begabt?

Eine **Lufthand** hat relativ lange und rechteckige Finger und eine rechteckige Handfläche. Die Linien sind als »wohlüberlegt«, nicht zufällig, zu bezeichnen. Sie sind fein, aber gleichzeitig wirken sie stark und deutlich in ihrer Aussage. Eine Lufthand deutet auf einen objektiv, analytisch und praktisch denkenden Menschen hin, der auch gut organisieren kann. Ein **starker Merkur** zeigt einen scharfen, forschenden Verstand an. Ein Mensch mit so einem Merkur kann strategisch denken und ist schnell in seinen geistigen Reaktionen. Er kann gut alle Möglichkeiten abwägen und denkt klar und logisch. Ein **großer gerader Daumen** gehört einem Menschen, der anpacken kann und das Leben im Griff hat. Eine **gerade Kopflinie** weist auf ein logisches, lineares, analytisches, rationales, objektives Denken hin.

## Sind Sie praktisch veranlagt?

Eine **Erdhand** hat kurze Finger und einen fast quadratischen Handteller. Es stechen die drei Hauptlinien, Herz-, Kopf- und Lebenslinie, hervor. Sie sind kräftig gezeichnet und wirken graviert. Erd-Menschen sind praktisch veranlagt, zuverlässig und bodenständig. Ein **dominanter Apollofinger** signalisiert einmal mehr Kreativität und Innovationsfähigkeit. Praktische Menschen haben meistens **keinen Apollo-Stern,** denn ein Apollo-Stern, der außergewöhnliche Kreativität bestätigt, ist eher bei Künstlern zu finden. Wenn Ihr **Lebenszweck** nach Richard Unger **Apollo** ist, können Sie davon ausgehen, dass Kreativität und Individualismus zu Ihren Begabungen gehören. Zu einer praktischen Veranlagung gehört eine gehörige Portion Eigenständigkeit, Kreativität und Erfindungsreichtum.

## Sind Sie fleißig?

Wenn Ihr **Saturnfinger** der **dominante** Finger in Ihrer Hand ist, weist er auf ein Bedürfnis nach Ordnung, Abgrenzung und Sicherheit hin. Er verkörpert die Prinzipien von Selbstwert, Selbstdisziplin, Pflichtbewusstsein, Wirklichkeitssinn, Lebensernst, Zuverlässigkeit. Die **Grundhandform** für die »Arbeitsbiene« ist eine **Mischung aus Erde und Feuer.** Sie vereinigt die Eigenschaften von Erde (kurze Finger, quadratische Handfläche, wenige, »gemeißelte« Linien) mit denen von Feuer (kurze Finger, langer und unregelmäßig abgerundeter Handteller, viele kraftvolle Linien, Hauptlinien nicht klar zu erkennen), wobei die Erd-Eigenschaften überwiegen. Jegliche Kombination der oben beschriebenen Zeichen ist möglich (zum Beispiel quadratische Handfläche, aber viele kraftvolle Linien, oder runder Handteller mit wenigen »gemeißelten« Linien). Ein **mittelgroßer bis starker Daumen** gekoppelt mit einem mittelgroßen bis großen Winkel vom Daumen zur Handfläche zeugt von Kraft, Energie und Willenskraft, die für einen fleißigen Menschen notwendig ist. Eine **elastische Beschaffenheit der Haut** zeigt Geschmeidigkeit und Spannkraft auf. Wenn zudem Ihr **Lebenszweck** nach Richard Unger **Saturn** ist, können Sie davon ausgehen, dass Zuverlässigkeit und Verantwortlichkeit sowie die Kraft, eine Aufgabe zu ihrer Vollendung zu bringen, zu Ihren Begabungen gehören.

## Sind Sie zuverlässig?

Ein **dominanter Saturnfinger** weist auf ein Bedürfnis nach Ordnung, Abgrenzung und Sicherheit hin. Er verkörpert die Prinzipien von Selbstwert, Selbstdisziplin, Pflichtbewusstsein, Wirklichkeitssinn, Lebensernst, Zuverlässigkeit. Wenn Ihr **Lebenszweck** nach Richard Unger **Saturn** ist, können Sie davon ausgehen, dass Zuverlässigkeit und Verantwortlichkeit sowie die Kraft, eine Aufgabe zu ihrer Vollendung zu bringen, zu Ihren Begabungen gehören.

## Sind Sie mutig?

Die **Energie des Mars-Bergs**, dem Berg, der sich zwischen dem Jupiterfinger und dem Daumen befindet, ist eine Verbindung des handlungsfreudigen Daumens und der persönlichen Kraft von Jupiter. Am besten kann man diese Eigenschaften als kämpferisch und tatkräftig im positiven Sinn bezeichnen. Ein starker Mars-Berg weist auf eine Person hin, die Herausforderungen des Lebens mit Selbstbewusstsein und Selbstvertrauen anpackt. Eine **lange, geschwungene Lebenslinie** deutet auf eine gute Verwurzelung hin. Sie zeigt auf, dass diese Person mit dem Leben fließen kann, dass sie Schicksalsschläge mit Mut und Zuversicht verkraften kann, um auf ihren Weg zurückzufinden. Es geht um Lebensenergie, im buchstäblichen und im übertragenen Sinn. Der **Mars-Stern,** bestehend aus drei Linien, die in einem gemeinsamen Punkt zusammenkommen, ist innerhalb der Lebenslinie neben dem Daumenansatz zu finden. Er zeugt von außergewöhnlichem Mut und Kampfbereitschaft. Wenn Sie Besitzer eines Mars-Sterns sind, dann sind Sie risikofreudig, mutig, durchsetzungsfähig und angemessen aggressiv.

## Wie wichtig ist Ihnen körperliches Empfinden?

Wenn der **untere Abschnitt des Merkurs** stark, groß und gut ausgebildet ist, sind starke Empfindungen vorhanden, und die sexuelle Energie findet ihren Ausdruck. Eine **lange, geschwungene Lebenslinie** deutet auf eine tiefe Verwurzelung hin. Die Verwurzelung hat etwas mit einem guten Körpergefühl zu tun und/oder mit einem Urvertrauen und Selbstwertgefühl, dessen Basis in der Kindheit gelegt wird. Es geht um Lebensenergie, im buchstäblichen und im übertragenen Sinn. Der **Venus-Berg,** der sich unterhalb und innerhalb des Daumens nahe der Handwurzel befindet, ist der Ort, wo die Energie des Herzens sitzt: Liebe, Anteilnahme, Mitgefühl, aber auch die Sexualität und die Sinnlichkeit. Ein starker Venus-Berg zeugt von viel gesunder Energie in diesem Bereich.

## Sind Sie weise?

**Salomon-Ringe** finden Sie als Gürtel um den Jupiter. Je mehr davon zu finden sind, desto klarer sieht ihr Besitzer hinter die Fassaden seines Gegenübers. Den **Seher-Stern** finden Sie im mittleren Abschnitt des Daumens. Wer diesen Stern besitzt und sich dessen bewusst ist, hat spirituelle Weisheit und erkennt die wahren Verbindungen zwischen dem Resultat und dem Ursprung der Dinge. Als **Super-Computer** bezeichnen wir eine Kopflinie, die lang und gerade über die ganze Handfläche läuft und kurz vor der Handkante aufhört. Wenn Sie eine solche Linie haben, brauchen Sie eine ständige geistige Herausforderung, die Sie klar, logisch und analytisch lösen können. Wenn eine **gerade Kopflinie** am Ende kurz nach oben »peitscht«, kommt die Person schnell auf den Punkt und weist ein sezierendes Denken auf. Sie kann nach kurzem Überlegen das Wesentliche vom Unwesentlichen unterscheiden und zu einer Entscheidung kommen. Zur Weisheit kann alternativ auch eine Persephonelinie, eine **lange geschwungene Kopflinie, die auf dem Mond-Berg** endet, gehören. Der Eigner hat außergewöhnlich viel intuitive Weisheit und Fantasie, die sich von der Weisheit, die aus dem sezierenden Denken hervorgeht, unterscheidet. Mindestens vier parallele kleine senkrechte Linien auf dem Merkur-Berg stellen **Heilerlinien** dar. Jegliche Art, anderen Menschen zuzuhören und/oder ihnen durch Berührung oder Rat Lebensweisheit zu vermitteln, kann als Heilertätigkeit betrachtet werden. **Genielinien** sind feine senkrechte Linien auf dem obersten Abschnitt des Merkurfingers. Um als Genielinien zu gelten, müssen es mindestens drei solcher Linien mehr sein, als auf dem oberen Apollofinger zu finden sind. Sie müssen auch länger sein als mindestens die Hälfte der oberen Zone. Wenn Sie diese Linien bei sich sehen, haben Sie die Gabe, komplexe Ideen einfach darzustellen und einem größeren Publikum als Autor oder Redner zu übermitteln. Der seltene **Merkur-Stern** befindet sich unter dem kleinen Finger, und sein Besitzer ist einfallsreich, genial, scharfsinnig und klug.

## Haben Sie Führungspotenzial?

Ein **dominanter Jupiterfinger** ist ein Symbol für persönliche Kraft und Führungsbegabung. Er deutet auf Autorität, Selbstvertrauen, Stolz und gesunden Ehrgeiz hin. Ein oder sogar mehrere **Jupiter-Sterne** zeigen einen »Überflieger«, eine Führungspersönlichkeit, eine Person mit Einfluss; diese »sitzt auf einem Thron« und strotzt vor gesundem Ehrgeiz. Mit einer **Jupiterlinie** sind Sie getrieben von gesundem Ehrgeiz und der Motivation, das gesetzte Ziel zu erreichen. Sie werden Ihre ganze Energie einsetzen, um eine optimale Leistung zu vollbringen. Wenn Ihr **Lebenszweck** nach Richard Unger **Jupiter** ist, können Sie davon ausgehen, dass Ihre Begabungen in Richtung Macht, Autorität, Einfluss, persönliche Kraft, Leidenschaft gehen. Auch sind Sie in der Lage, Ihre Stellung zu behaupten.

## Berufe

### Geschäftsmann

Ein **dominanter Saturnfinger** weist auf ein Bedürfnis nach Ordnung, Abgrenzung und Sicherheit. Er verkörpert die Prinzipien von Selbstwert, Selbstdisziplin, Pflichtbewusstsein, Wirklichkeitssinn, Lebensernst, Zuverlässigkeit. Wenn der **obere Abschnitt des Merkurs** lang und stark ist, sind Sie vermutlich ein brillanter Redner oder ein Autor, der in der Lage ist, seine Gedanken klar und wortgewandt auszudrücken. Sie könnten ein guter Marketing-Leiter sein, und Brainstorming ist Ihre besondere Stärke, denn Sie sind auch bei der Teamarbeit geschätzt. Der **mittlere Abschnitt des Merkurs** verkörpert Verhandlungsgeschick, Systemanalyse, Entwicklung von Strategien. Ist dieser Abschnitt unter diesen Umständen stark und groß, dann haben Sie einen guten Geschäftssinn. Wenn Ihr **Lebenszweck** nach Richard Unger **Saturn** ist, können Sie davon ausgehen, dass Zuverlässigkeit und Verantwortlichkeit sowie die Kraft, eine Aufgabe zu ihrer Vollendung zu bringen, zu Ihren Begabungen gehören. Ein guter Umgang mit Geld und Integrität kommen dazu, um Sie zu einer begabten Geschäftsperson zu machen.

### Unternehmer

Eine **Mischung aus Erdhand mit Luftelementen** zeigt zweierlei Eigenschaften auf: Erd-Menschen sind praktisch veranlagt, zuverlässig und bodenständig. Eine Lufthand deutet auf einen objektiv, analytisch und praktisch denkenden Menschen hin, der auch gut organisieren kann. Ein **starker Daumen mit großem Oppositionswinkel** weist auf einen Menschen mit einem starken Willen und Durchsetzungskraft hin, der ein großes Aktionsfeld braucht. Eine **gerade und lange Saturnlinie** bedeutet, dass Sie sich selbst und andere motivieren können. Sie haben klare Ziele vor Augen und tragen Verantwortung für sich selbst, Ihre Taten und Ihre Mitmenschen. Ein **starker Apollofinger** signalisiert Kreativität und Innovationsfähigkeit. Eine **Jupiterlinie** symbolisiert persönliche Kraft und Führungsbegabung. Sie deutet auf Autorität, Selbstvertrauen, Stolz und gesunden Ehrgeiz hin. Ein **langer Merkurfinger** zeigt an, dass Sie eine rasche Auffassungsgabe, einen scharfen Verstand und Cleverness besitzen. Oft gehört auch ein **Apollo-Lebenszweck** nach Richard Unger dazu, denn dann gehören Kreativität und Individualismus zu Ihren Begabungen. Zu einer praktischen Veranlagung, die für einen Unternehmer von Vorteil ist, gehört eine gehörige Portion Eigenständigkeit, Kreativität und Erfindungsreichtum.

## Architekt

Eine **Lufthand** hat relativ lange und rechteckige Finger sowie eine rechteckige Handfläche. Die Linien sind als »wohlüberlegt«, nicht zufällig, zu bezeichnen. Sie sind fein, aber gleichzeitig wirken sie stark und deutlich in ihrer Aussage. Eine Lufthand deutet auf einen objektiv, analytisch und praktisch denkenden Menschen, der auch gut organisieren kann. Wenn Sie einen **dominanten Apollofinger** haben, signalisiert dies Kreativität und Innovationsfähigkeit. Oft gehört auch ein **Apollo-Lebenszweck** nach Richard Unger dazu, denn dann gehören Kreativität, Individualismus und Erfindungsreichtum zu Ihren Begabungen.

## Ingenieur

Eine **Lufthand** hat relativ lange und rechteckige Finger und eine rechteckige Handfläche. Die Linien sind als »wohlüberlegt«, nicht zufällig zu bezeichnen. Sie sind fein, aber gleichzeitig wirken sie stark und deutlich in ihrer Aussage. Eine Lufthand deutet auf einen objektiv, analytisch und praktisch denkenden Menschen hin, der auch gut organisieren kann. Ein **dominanter Saturnfinger** weist auf ein Bedürfnis nach Ordnung, Abgrenzung und Sicherheit. Er verkörpert die Prinzipien von Selbstwert, Selbstdisziplin, Pflichtbewusstsein, Wirklichkeitssinn, Lebensernst, Zuverlässigkeit. Wenn Sie zudem starke **Merkurfinger-Abschnitte** haben, haben Sie einen scharfen, forschenden Verstand, können strategisch denken und sind schnell in Ihren geistigen Reaktionen. Sie weisen auch auf eine technische Begabung hin. Sie können gut alle Möglichkeiten abwägen und sehen die Tragweite Ihrer Handlungen wie auch die der anderen.

## Mechaniker

Eine **Erdhand** hat kurze Finger und einen quadratischen Handteller. Erd-Menschen sind praktisch veranlagt, zuverlässig und bodenständig. Die **drei Hauptlinien,** Herz-, Kopf- und Lebenslinie, stechen ausgeprägt hervor und sind außerordentlich kräftig und klar gezeichnet.

## Arzt

Eine **Erdhand** hat kurze Finger und einen fast quadratischen Handteller. Erd-Menschen sind praktisch veranlagt, zuverlässig und bodenständig. Die **Linien einer Lufthand** sind als »wohlüberlegt«, nicht zufällig zu bezeichnen. Sie sind fein, aber gleichzeitig wirken sie stark und deutlich in ihrer Aussage. Luft-Eigenschaften sind: Objektivität, analytisches und praktisches Denken, Organisationstalent, gute Urteilsfähigkeit, Fairness und Gerechtigkeit, Kommunikationsfähigkeit. Sie sind in Ihrem Element, wenn Sie den Dingen auf den Grund gehen können, denn Sie sind ständig am Beobachten, Abwägen, Denken, Analysieren, Überlegen und Diskutieren. Mit einem **starken Merkur** haben Sie einen scharfen, forschenden Verstand, und sind schnell in Ihren geistigen Reaktionen. Sie können gut alle Möglichkeiten abwägen und sehen die Tragweite Ihrer Handlungen wie auch die der anderen. Dem Merkur-Menschen ist gute Verständigung oberstes Gebot. So sind Sie verständnisvoll und zuvorkommend gegenüber Ihren Mitmenschen. Eine **feine Oberflächenstruktur der Handfläche** deutet auf Sensibilität hin. Wenn Ihre **Kopflinie** unter Ihrem Apollofinger endet und weder schnurgerade noch sehr stark geschwungen ist, dann sprechen wir von einer »normalen« Kopflinie, die weder auf ein nur logisches noch nur gefühlsbetontes Denkmuster hinweist.

## Krankenpfleger

Eine **Wasserhand** hat eine lange schmale Handfläche mit langen schmalen, nicht ganz geraden Fingern. Wasser-Menschen sind sensibel, einfühlsam und orientieren sich gern an anderen. Da sie sich gut in andere Menschen hineinversetzen können, sind sie verständnisvoll und fürsorglich. Ein **dominanter Saturnfinger** verkörpert die Prinzipien von Selbstwert, Selbstdisziplin, Pflichtbewusstsein, Wirklichkeitssinn, Lebensernst, Zuverlässigkeit. Der **Neptun-Stern** ist in der Nähe der Handwurzel in der Mitte der Hand außerhalb der Lebenslinie gelegen. Einfühlungsvermögen für die Notleidenden und tiefgründiges Verständnis für alle menschlichen Lebenssituationen kennzeichnen Menschen mit einem Neptun-Stern. Die **Herzlinie des Großen Herzens** ist eine lange, gebogene Linie, die unter dem Jupiterfinger endet. Sie zeigt an, dass Sie anpassungsfähig, emotional, fürsorglich, warmherzig, und mitfühlend sowie ein guter Zuhörer sind. Die

**Heilerlinien** sind mindestens vier parallele Linien unter dem Merkurfinger auf dem Merkur-Berg. Sie sind in der Lage, Menschen auf ihrem Weg zu sich selbst Erkenntnisse zu vermitteln. Sie haben selber viel Lebenserfahrung und psychologische Einsicht, und Sie nehmen die Menschen ganzheitlich wahr und können sie durch Ihre kommunikative Art inspirieren. Wenn Ihr **Lebenszweck** nach Richard Unger auf beiden **Merkurfingern** liegt, können Sie davon ausgehen, dass das Sinnbild des Heilers zu Ihrer Lebensaufgabe gehört.

## Anwalt

Eine **Erdhand** hat kurze Finger und einen fast quadratischen Handteller. Erd-Menschen sind praktisch veranlagt, zuverlässig und bodenständig. Die **Linien einer Lufthand** sind als »wohlüberlegt«, nicht zufällig, zu bezeichnen. Sie sind fein, aber gleichzeitig wirken sie stark und deutlich in ihrer Aussage. Luft-Eigenschaften sind: Objektivität, analytisches und praktisches Denken, Organisationstalent, gute Urteilsfähigkeit, Fairness und Gerechtigkeit, Kommunikationsfähigkeit. Sie sind in Ihrem Element, wenn Sie den Dingen auf den Grund gehen können, denn Sie sind ständig am Beobachten, Abwägen, Denken, Analysieren, Überlegen und Diskutieren. Ein **langer Merkurfinger** zeigt an, dass Sie eine rasche Auffassungsgabe, einen scharfen Verstand und Cleverness besitzen. Wenn Ihre **Kopflinie** unter Ihrem Apollofinger endet und weder schnurgerade noch sehr stark geschwungen ist, dann sprechen wir von einer »normalen« Kopflinie, die weder auf ein nur logisches noch nur gefühlsbetontes Denkmuster hinweist.

## Persönliche Entscheidungen

In diesem Teil befasse ich mich mit einigen Grundlagen bezüglich persönlicher Entscheidungen. Es ist schwierig, sich selber wirklich zu kennen, mit seinen Stärken und Schwächen. Eine Hilfe ist es, wenn Sie versuchen, sich so zu sehen, wie andere Sie sehen. Das heißt nicht, dass Sie die Sicht der anderen als richtig anerkennen sollten, sondern dass Sie sich überlegen, warum andere Sie so sehen, weshalb Sie bei anderen Menschen diesen oder jenen Eindruck erwecken.

Ich habe auch bewusst keine Beurteilung abgegeben, was bestimmte Zeichen in einer Hand bedeuten, sondern möchte Sie nur darauf hinweisen, wo in Ihrer Hand Sie Zeichen finden können, die Ihnen helfen, eine Situation einzuschätzen. Aus der Ferne, ohne persönliches Gespräch und ohne Sie zu kennen, kann ich Ihnen keinen Rat geben.

### Wie erkennen Sie Ihren emotionalen Grundtyp?

Bestimmen Sie Ihre **Herzlinie,** wie ich sie in dem Kapitel über die Linien beschrieben habe. Die kurze gebogene Herzlinie, die zwischen dem Zeige- und Ringfinger endet, wird die »Leidenschaftliche« genannt. Die lange gebogene Herzlinie, die unter dem Zeigefinger endet, heißt das »Große Herz«. Die kurze gerade Linie wird als »Einsiedler« bezeichnet, während die lange gerade Linie, die unter dem Zeigefinger endet, als »romantischer Idealist« gilt. Die **Partnerwahllinien** sind Linien, die von der Herzlinie abzweigen und anzeigen, welche Eigenschaften ein Mensch in sich trägt, die er nicht selber ausleben will oder kann, sondern auf einen Partner projiziert, der diese Funktionen für ihn erfüllen soll. Beim Mars-Selektor sind die gesuchten Eigenschaften Mut und Kampfgeist, beim Jupiter-Selektor Autorität, Selbstvertrauen und Ehrgeiz, beim Apollo-Selektor Kreativität.

## Wieso fallen Sie immer wieder auf denselben Typ Mensch herein?

Bestimmen Sie Ihre Herzlinie und suchen Sie nach Partnerwahllinien, wie oben beschrieben. Ein **Stern am Ende der Kopflinie** wird der Wunschüberlagerungsstern genannt. Mit diesem Stern werden die eigenen Wünsche überschattet und den Wünschen anderer untergeordnet, so dass der Besitzer dieses Sterns die größte Mühe hat zu erkennen, was er selber will. Einen **Venus-Gürtel,** der den Jupiter umfasst, nennen wir den Heldenverehrungsgürtel. Menschen mit diesem Zeichen neigen dazu, sich Vorbilder zu suchen, die sie idealisieren und denen sie nacheifern können.

## Alles wächst Ihnen über den Kopf. Alles geht schief. Nichts freut Sie mehr.

Ein **Burnout-Syndrom** lässt sich bei den Handabdrücken in der Mitte der Handfläche erkennen, wenn die Hände keinen Druck auf das Papier ausüben und alles weiß erscheint. Auch eine weiße Färbung der Handfläche und der Fingern lässt auf Müdigkeit schließen. Eine Persephonelinie ist eine **Kopflinie, die lang und geschwungen im Mond-Berg endet.** Sie ist ein Zeichen für eine außergewöhnliche Intuition. Ihre Eigner verfallen aber auch häufig in Depressionen. **Nicht genutzte Mond-Zeichen** (Stern, Linien) bewirken oft ein Gefühl von Trägheit und Teilnahmslosigkeit. Dasselbe gilt für **Apollo-Energie** (Kreativität), die aus irgendeinem Grund in Ihrem Leben zu kurz kommt.

# Begabungen und Herausforderungen – Chancen und Risiken

## Begabungen und Herausforderungen

Um zu einer Entscheidung zu kommen, ist es von Vorteil, die eigenen Stärken und Schwächen zu kennen und sie in den Rahmen des jeweiligen Umfelds zu stellen. Auf dieser Basis kann man dann realistische Ziele definieren.

Nehmen Sie das Kapitel »Hilfe zur Selbstanalyse« zur Hand und suchen Sie Ihre Hand ab nach Faktoren, die Ihre Stärken signalisieren. Jetzt ist es an der Zeit, die Theorie zu den Themen zu vertiefen, die Sie in Ihren Händen finden.

Suchen Sie nun speziell nach Begabungszeichen. Gehen Sie ehrlich mit sich um. Fragen Sie sich, ob Sie auf dem Meister- oder auf dem Studentenweg sind. Sie werden feststellen, dass es darauf keine eindeutige Antwort gibt, denn Sie werden in manchen Dingen und Situationen Meister sein, in anderen Student.

Schauen Sie Ihre Handform an. Machen Sie den Dschungeltest und finden Sie den stärksten Finger in Ihrer Hand. Beurteilen Sie Ihre Fingerabschnitte und Ihre Linien. Schätzen Sie die vorhandene Energie in den Bergen Ihrer Hand ein. Begutachten Sie die Farben in Ihren Händen. Suchen Sie nach weiteren Zeichen.

Notieren Sie, wo Ihre Stärken liegen. Überlegen Sie dabei immer wieder, ob alle Ihre Stärken auch von Ihrem Umfeld als Stärken empfunden werden. Es kann ja durchaus sein, dass Sie sich als kontaktfreudig empfinden, andere Sie als unkritisch beurteilen, oder dass Sie sich geradlinig, andere Sie aber stur finden. Schauen Sie sich die Beispielliste in dem Kapitel »Der Umgang mit diesem Buch« an.

Zu Ihren Stärken sollten Sie auch andere Vorteile, die Sie zum Beispiel zur Erreichung Ihres beruflichen Zieles benötigen, zählen: Eine gute Ausbildung, einen großen Bekanntenkreis, Ihren Wohnort.

Suchen Sie nun nach Ihren Herausforderungen. Diese finden Sie in den Gelegenheitslinien, die Sie im Kapitel »Andere Zeichen« dargestellt finden. Sie können diese aber auch in der Umkehrung Ihrer Begabungen entdecken. Zu jedem von mir beschriebenen Faktor in Ihrer Hand finden Sie die Herausforderungen formuliert.

Notieren Sie alle Faktoren, die Sie in Ihren Händen finden können, und versuchen Sie, daraus ein Gesamtbild Ihrer Persönlichkeit zu formen.

Lassen Sie die Ungereimtheiten stehen. Was Ihnen heute nicht klar ist, kann morgen plötzlich deutlich werden. Eine neue Situation, ein Satz, den jemand spricht, ein Buch, das Sie lesen, kann Ihnen wie Schuppen von den Augen fallen lassen, was bisher als »blinder Fleck« Ihre Sicht vernebelte. Führen Sie sich immer wieder vor Augen, dass Sie nicht der Einzige sind, der Mühe hat, gewisse Eigenschaften an sich zu erkennen, die für andere offensichtlich sind.

Eine Aufgabe der Selbsterkenntnis und der persönlichen Weiterentwicklung ist, diesen »blinden Fleck« einzukreisen, wahrzunehmen und anzunehmen. Es geht nicht darum, unangenehme Wahrheiten über sich selber zu bekämpfen und zunichte zu machen, es geht vielmehr darum, sie anzuerkennen, sie zu respektieren und sie zu integrieren. Begrüßen Sie Ihre »blinden Flecken«, als ob sie Freunde wären. Denn das sind sie auch, und zwar in dem Sinn, dass Sie durch sie herausgefordert werden, sich mit Ihren schwächeren Seiten auseinander zu setzen. Wenn Sie diese einmal als Teil Ihrer selbst anerkennen und akzeptieren können, werden Sie sich nicht mehr geißeln, wenn Sie merken, dass Sie etwas Falsches gesagt oder getan haben. Sie werden wohlwollend über sich selber lächeln, sich freundlich annehmen und zu sich selber sagen: »Du lernst es schon noch.« Eines Tages werden Sie nicht mehr erst nachträglich merken, dass Sie wieder einmal denselben Fehler begangen haben, sondern schon *vor* der Aussage, der Tat spüren, was Sie gerne sagen, wie Sie reagieren möchten.

Wenn Sie sich im Klaren sind, wo Ihre Stärken und Schwächen, Ihre Begabungen und Herausforderungen liegen und wie sich diese zu Ihrer Gesamtpersönlichkeit, mit Ambivalenzen und Gegensätzlichkeiten, zusammenfügen, können Sie zum nächsten Schritt auf dem Weg der Entscheidungsbildung übergehen, zur Analyse Ihres Umfelds.

## Chancen und Risiken

Sie haben eine tief gehende Analyse Ihrer Hände vorgenommen und wollen diese nun in einen Rahmen stellen, denn ohne die Beurteilung Ihres Umfelds fehlen wichtige Elemente für eine erfolgreiche Zielfindung. Sie sollten Ihre Möglichkeiten abwägen. Es ist nicht dasselbe, ob Sie in einer Stadt oder auf dem Land leben, ob Sie über eine Hochschulbildung oder eine Lehre verfügen oder arbeitslos sind, ob Sie eine Familie haben, für die Sie sorgen müssen oder allein stehend sind.

***Barbara** lebt auf dem Land, sie hat fünf Jahre lang in einem Modegeschäft als Verkäuferin gearbeitet, sie ist allein stehend. Nun hat sie einen Traum, eine Art Leitbild. Sie möchte in einer Kleinstadt eine selbständige Tätigkeit als Masseurin aufnehmen.*

*Auf meine Anregung hin stellt sie eine Liste ihrer Begabungen und Herausforderungen auf:*

*Barbara hat Heilerzeichen in ihrer Hand und weiß, dass sie anderen Menschen gerne hilft. Sie hat einen starken Merkur, der ihr anzeigt, dass sie gut kommuniziert. Sie hat einen starken unteren Apollo-Abschnitt, was bedeutet, dass sie gewandt ist im Umgang mit Menschen. Zudem kann sie fließend Eng-*

*lisch, denn sie hat zwei Jahre als Au-pair in England verbracht. Ihr Saturnfinger ist gekrümmt und ihr mittlerer Merkurfingerabschnitt ist schwach und fast nicht sichtbar auf einem Abdruck. Zuverlässigkeit und Geschäftssinn sind nicht ihre Stärken.*

*Barbara überlegt sich, wie ihre Chancen aussehen:*

- *Sie ist allein stehend, sie muss nur für ihren eigenen Lebensunterhalt aufkommen.*
- *Sie hat schon fünf Jahre eine feste Arbeit und kann gute Referenzen vorweisen.*
- *Sie hat privat schon oft nahe Bekannte massiert und weiß, dass sie das gern tut und daher gut kann.*
- *Sie hat fünf Jahre lang gespart, so dass sie einige Monate ohne viel Verdienst überleben kann.*
- *Sie braucht keinen Bankkredit und kann die Investitionen aus eigenen Mitteln finanzieren.*
- *Sie hat beim lokalen Masseurinnen-Verband angefragt und herausgefunden, dass es im Vergleich zu anderen Städten nur wenige Masseurinnen in der neuen Stadt gibt.*
- *In der neuen Stadt gibt es eine große englisch sprechende Gemeinschaft, weil dort eine britische Firma und eine englischsprachige Schule ansässig sind.*

*Barbara hat auch eine Liste der Risiken erarbeitet:*

- *Sie hat keine Ausbildung als Masseurin.*
- *In der fremden Stadt hat sie nur einen kleinen Bekanntenkreis, auf den sie zurückgreifen kann.*
- *Sie musste noch nie für sich selber werben und weiß nicht, wie sie das anpacken soll.*
- *Sie war noch nie selbständig und weiß nicht, welche Bedingungen sie dazu erfüllen muss.*

*Barbara betrachtet nun das ganze Bild. Sie stellt ihre Stärken und Schwächen den Chancen und Risiken in ihrem Umfeld gegenüber.*

*Leicht fallen ihr die heilerischen, kommunikativen Seiten des Berufs. Sie übt ihn gerne aus, das ist sicher schon eine sehr gute Voraussetzung dafür, dass sie ihn auch gut ausführen wird. Finanziell ist es auch kein Problem. Familiär kann sie sich ohne weiteres erlauben, jetzt dieses Wagnis einzugehen. Ihre guten Englischkenntnisse dürften ihr gerade in der gewählten Stadt Kunden zuführen.*

*Hindernisse dürften sein, dass sie sich zuerst noch die Fachkenntnisse für diesen Beruf aneignen sollte. Auch braucht sie sicher Unterstützung bei der administrativen Abwicklung der Selbständigkeit.*

*Es ist nun Barbaras Aufgabe, diese Faktoren gegeneinander abzuwägen, sich ein klares Ziel zu setzen, Vorgehensweisen zu entwickeln und sich die Maßnahmen zur Umsetzung zu überlegen.*

***Roland** ist Ingenieur und arbeitet als stellvertretender technischer Leiter in einem international tätigen Maschinenkonzern. Er ist 33 Jahre alt, verheiratet und hat zwei schulpflichtige Kinder. Er hat das Angebot seiner Firma bekommen, den technischen Dienst der neu gegründeten Tochtergesellschaft in China aufzubauen. Gleichzeitig hat ihm sein Schwiegervater vorgeschlagen, sein Radio- und TV-Geschäft zu übernehmen.*

*Roland hat eine Saturnlinie, die im Mond-Berg endet. Der Einfluss von anderen Menschen ist sehr groß, der seiner Familie hingegen kleiner. Abenteuerlust und die Erforschung anderer Länder, Sitten, Menschen sind wichtig für ihn. Er hat aber auch einen starken Saturnfinger, der auf Verantwortungsgefühl und Zuverlässigkeit hinweist, und einen vollen, kräftigen Mars-Berg, der auf seinen Mut hindeutet.*

*Eine Herausforderung für Roland ist in erster Linie sein schwacher Merkur. Er kann nicht sehr gut kommunizieren und ist auch nicht sehr geschäftstüchtig. Vertragsverhandlungen sind für ihn ein Gräuel.*

*Nun stellt Roland eine Liste der Vor- und Nachteile für China auf:*

- *Er bekommt eine einmalige Aufstiegschance, von der er auch finanziell profitiert.*
- *Er ist jung und hat noch den größten Teil seines Lebens vor sich.*
- *Er ist Angestellter und verdient ein festes Gehalt, mit allen Vor- und Nachteilen.*
- *Er lernt ein fremdes Land und fremde Menschen kennen.*
- *Er wird sich in einem fremden Umfeld durchsetzen müssen, wobei er sich auch persönlich weiterentwickeln wird.*
- *Auch seine Frau und seine Kinder werden für ihr Leben viel lernen.*
- *Wer weiß, ob er noch eine Stelle haben wird, wenn er aus dem Ausland zurückkommt.*
- *Wie werden seine Frau, seine Kinder und er selbst sich in dem fremden Umfeld zurechtfinden?*
- *Werden seine Kinder den Anschluss in der Schule und bei ihren Freunden verpassen und eine Rückkehr nicht verkraften? Verbaut er mit diesem Schritt seinen Kindern die Zukunft?*

*Nun hält Roland seine Möglichkeiten und Unsicherheiten bezüglich des Geschäfts seines Schwiegervaters fest:*

- *Er kann in ein sicheres, gut gehendes Geschäft mit einer etablierten Kundschaft einsteigen.*
- *Wenn er keine Dummheiten macht, sollte ihm das Geschäft seine Zukunft und die seiner Familie sichern.*
- *Er ist selbständig und kann das Geschäft bei gutem Geschäftsgebaren noch ausbauen.*
- *Er muss nicht umziehen, seine Kinder können in ihren Schulen und bei ihren Freunden bleiben, seine Frau muss sich nicht umstellen. Zudem kennt sie das Geschäft ihres Vaters und könnte ihm helfend beistehen.*
- *Er übernimmt das Geschäft seines Schwiegervaters, der unter Umständen nicht ganz loslassen kann und sich wahrscheinlich noch jahrelang auf irgendeine Art und Weise daran beteiligen wird.*

- *Seine Abenteuerlust wird er in Zukunft im Urlaub befriedigen müssen, denn mit der Verantwortung für ein solches Geschäft wird er nicht frei über seine Finanzen und seine Zeit verfügen können.*
- *Er hat wenig Geschäftssinn und kann nicht gut verhandeln.*
- *Er ist noch jung, will er sich jetzt schon für den Rest seines Lebens festlegen?*

*Roland entscheidet nicht für sich allein, wie im letzten Beispiel Barbara, sondern er sollte seine ganze Familie miteinbeziehen. Seine Entscheidung bestimmt das Leben seiner Frau und Kinder grundlegend. Sie gehören zu seinem Umfeld, und er sollte sich mit ihnen besprechen, um zu einer tragfähigen Entscheidung kommen zu können. Dies fällt ihm nicht leicht, weil das Kommunizieren nicht seine Stärke ist, aber er darf nicht über ihre Köpfe hinweg eine so wichtige Entscheidung treffen.*

*Hinzu kommen noch Überlegungen zu seinem längerfristigen Ziel. Roland steht in einem Konflikt zwischen seiner Mond-Kopflinie, welche Abenteuerlust bedeutet, und seinem starken Saturnfinger, der dem Wunsch nach Sicherheit entspricht.*

***Franz** hat seine Stelle als Heizungsmonteur verloren. Seit seine Frau Claudia eine Arbeit mit unregelmäßiger Arbeitszeit angenommen hat und mehr verdient als er, ist er nicht mehr bereit, auf Montage zu gehen. Jemand muss nachts zu Hause sein, denn sie haben eine zehnjährige Tochter, Lilly. Trotz intensiver Suche findet er keine Arbeit in seinem Beruf.*

*Franz weiß, dass er sich neu orientieren sollte. Er weiß aber gar nicht, was er machen könnte. Da er bereit ist, alles zu versuchen, was ihm weiterhelfen könnte, kommt er auch in meine Praxis.*

*Zusammen schauen wir in seine Hände und suchen nach seinen Stärken und Schwächen. Franz hat eine Mischhand mit Erde-Handfläche und Luft-Fingern. Er ist also praktisch veranlagt, zuverlässig und bodenständig, während seine Finger ihn als objektiv und analytisch denkenden Menschen zei-*

*gen, der gut organisieren kann und methodisch und routiniert arbeitet. Auch seine gerade kurze Kopflinie unterstreicht diese Eigenschaften, während sein großer Daumen beweist, dass er gut anpacken kann. Zudem ist sein dominanter Finger der Apollofinger, der Kreativität und Innovationsfähigkeit signalisiert. Als Krönung prangt ein wunderschöner, sechszackiger Apollo-Stern auf seinem Apollo-Berg, das höchste Zeichen für Kreativität, das in einer Hand zu finden ist. Eine Herausforderung für ihn stellt ein weiterer Stern dar: ein Stern am Ende seiner Kopflinie, der Wunschüberlagerungs-Stern. Franz hat also große Mühe zu unterscheiden, was er gerne will, und was der Wunsch anderer ist.*

*Franz stellt eine Liste seiner Stärken und Chancen auf:*

- *Er hat eine solide Berufsausbildung in einem praktischen handwerklichen Beruf und einige Jahre Erfahrung.*
- *Er ist geeignet für eine praktische Arbeit, gleich auf welchem Gebiet, vor allem wenn sie Kreativität und Innovationsfreudigkeit erfordert.*
- *Er hat einen starken Willen und kann das Leben gut anpacken.*
- *Dadurch, dass er regelmäßig Hausarbeiten übernommen hat, um seine Frau zu entlasten, hat er seine Liebe und seine Neigung zum Kochen entdeckt.*
- *Er arbeitet gerne hart.*
- *Er ist loyal und zuverlässig.*
- *Er kann jede Arbeit sofort beginnen.*
- *Er muss nicht allein für den Unterhalt der Familie aufkommen, weil seine Frau gut verdient.*

*Er überprüft seine Schwächen und Risiken:*

- *Er weiß nicht, was er will.*
- *Er kann keine Schichtarbeit leisten, noch kann er eine Stelle annehmen, wo er reisen müsste.*
- *Er ist geografisch und familiär gebunden.*
- *Er ist arbeitslos.*

*Franz sieht ein, dass er viele Möglichkeiten hat, er muss nur die richtige finden. Er muss eine Arbeit mit regelmäßiger Arbeitszeit finden, damit er seine Tochter Lilly betreuen kann. Es könnte aber auch eine selbständige oder flexible Arbeit sein, wenn er sie dem Arbeitsplan seiner Frau Claudia anpassen kann.*

***Veronika*** *ist seit fünf Jahren verheiratet. Sie liebt ihren Mann Thomas, und er ist auch ihr bester Freund und ein guter Kamerad. Sie haben keine Kinder, aber leider ist Thomas seit einem halben Jahr arbeitslos. Das ist für beide ein großes Problem. Bei einem Firmenfest hat sie Peter kennen gelernt. Sie haben sich auf den ersten Blick ineinander verliebt. Den ganzen Abend lang haben sie getanzt, gelacht und einander tief in die Augen geschaut. Nun weiß Veronika nicht mehr, was sie machen soll. Soll sie bei Thomas bleiben, oder soll sie sich für diese neue Liebe entscheiden und mit Peter zusammenziehen?*

*Veronika analysiert die Zeichen in ihren Händen: Sie hat eine »leidenschaftliche« Herzlinie sowie eine Jupiter-Partnerschaftslinie. Sie weiß, dass sie schnell in Leidenschaft entbrennt, dass sie aber auch ebenso rasch etwas Neues sucht. Ferner sucht sie sich immer wieder Partner, die ihren Ehrgeiz, ihre Führungsbegabung und ihre Kraft für sie ausleben.*

*Sie hat aber auch einen starken mittleren Merkurfinger-Abschnitt, was auf Verhandlungsgeschick hinweist, sowie einen starken Saturn, der ihre Zuverlässigkeit, ihren Geschäftssinn und ihr Verantwortungsbewusstsein dokumentiert. Auf ihrer rechten Hand prangt ein stolzer und eindeutiger Jupiter-Stern.*

*Veronika überlegt sich eine Liste ihrer Chancen und Risiken, wenn sie mit Thomas zusammenbleibt:*

- *Bei Thomas weiß sie, was sie hat. Sie schwingen auf derselben Wellenlänge, und sie weiß in jeder Situation, wie er reagieren wird. Sie liebt ihn, und ihre Ehe basiert auf festem Grund.*

- *Mit Thomas kann sie über alles reden, sie haben dieselben politischen und weltanschaulichen Ansichten und mögen dieselben Menschen.*
- *Veronika und Thomas haben keine Kinder, auf die sie Rücksicht nehmen müsste.*
- *Mit Thomas scheint es im Moment nichts als Probleme zu geben.*
- *Thomas' Arbeitslosigkeit bereitet Veronika schlaflose Nächte. Sie macht sich Sorgen, sie könnte ihre Stelle verlieren, weil sie für beide für den Lebensunterhalt aufkommen muss.*

*Veronika stellt zusammen, wie ihr Leben aussehen könnte, wenn sie mit Peter zusammenzieht:*

- *Mit Peter macht das Leben wieder Spaß. Er ist ganz anders als sie, und das ist interessant und spannend. Sie sind bis über beide Ohren ineinander verliebt.*
- *Peter hat eine gute Anstellung, er verdient genug für beide. Sie müsste sich keine Sorgen mehr um ihre Arbeit machen.*
- *Sie kennt Peter aber noch nicht so gut, vor allem gibt es einige Reaktionen von ihm, die ihr fremd sind. Manchmal scheint er sie misszuverstehen.*

*Veronika sollte nun alle Faktoren sorgfältig abwägen. Ich habe sie gefragt, ob es für sie stimmt, dass sie ihr Leben nach Männern ausrichtet. Die starken Zeichen in ihrer Hand, vor allem in ihrer rechten Hand, der Berufshand, zeigen klar auf eine eigene Berufstätigkeit, vielleicht sogar auf eine selbständige Tätigkeit, hin. Die Jupiter-Partnerwahllinie zeigt jedoch, dass sie auf den Erfolg ihres Partners hofft. Es ist aber höchste Zeit, dass sie ihr Leben in die eigene Hand nimmt und sich selber in den Vordergrund stellt.*

# Zielfindung und Schritte zur Umsetzung

## Zielfindung

Bestimmen Sie nun Ihre Ziele auf der Basis der vorangegangenen Beurteilung. Die Definition soll konkret, anschaulich und für Sie persönlich richtig sein. Das anvisierte Ziel soll nicht von anderen Personen abhängig sein. »Meine Frau soll mich besser unterstützen« ist kein sinnvolles Ziel. Es sollte auch positiv formuliert sein. Sie sollten bestimmen, was Sie wollen und nicht, was Sie nicht wollen. In diesem Sinne sind »Ich will nicht arbeitslos sein« oder »Ich will keine Kinder« keine Ziele.

Setzen Sie sich auch Ziele, die mit Ihrem Leitbild in Einklang stehen und dem Rahmen der Möglichkeiten entsprechen, und überlegen Sie dann, welche Teilziele Sie meistern sollten, um dieses Ziel zu erreichen.

***Barbara** aus dem letzten Kapitel will selbständige Masseurin in einer fremden Stadt werden. Damit will sie ihren Lebensunterhalt verdienen können. Das ist ihr neues Ziel.*

*Um dieses Ziel zu erreichen, sollte sie aber erst einige Teilziele anvisieren. Das wichtigste dieser Teilziele ist, dass sie sich die nötige Ausbildung für ihre neue Tätigkeit aneignet.*

***Roland** sollte ein langfristiges Ziel definieren. Aus seinen Abwägungen des Für und Wider sollte Roland im Dialog mit seiner Frau und seinen Kindern zu einem Ziel kommen, mit dem alle leben können. Dabei sind die Ansichten der Kinder wich-*

*tig, sollten aber nicht als ausschlaggebend gewertet werden, denn Kindern fällt es schwer, sich etwas vorzustellen, was sie nicht kennen.*

*Wenn Roland und seine Familie als mittel- und langfristiges Ziel Sicherheit und Beständigkeit wählen, dann sollten sie das Angebot des Schwiegervaters annehmen. Wenn die Familie die Horizonterweiterung und vielleicht auch das Abenteuer wählt, können sie trotzdem als langfristiges Ziel Sicherheit und Beständigkeit beschließen, aber die Teilziele und Maßnahmen zur Umsetzung sähen ganz anders aus.*

***Franz** setzt sich das Ziel, eine ihm entsprechende Aufgabe zu finden.*

*Da er nicht genau weiß, auf welchem Gebiet er arbeiten möchte, sollte er Verschiedenes versuchen, um das Richtige aufzuspüren.*

***Veronika** kann sich für Thomas oder für Peter entscheiden, oder sie kann einen dritten Weg wählen und sich eine eigene Karriere als Ziel setzen. Dann wird sich die Beziehung zu ihrem Partner in die eine oder andere Richtung entwickeln, ohne im Vordergrund zu stehen.*

*Wenn sie den dritten Weg wählt, sollte sie erst einmal überlegen, was sie machen könnte und welche Voraussetzungen sie dafür erfüllen sollte.*

## Schritte zur Umsetzung

Alle diese Überlegungen nützen nichts, wenn Sie nun nicht den Schritt von der Planung und Zielsetzung zur Umsetzung vollziehen. Leider scheitern die meisten guten Ideen daran, dass der Wille, die Fantasie oder die Energie zur Umsetzung fehlt oder vor dem Ziel erlahmt.

Fragen Sie sich nun: Was fällt mir leichter, wo muss ich Hindernisse überwinden? Eine Antwort darauf können Ihnen auch gewisse Zeichen in Ihren Händen geben.

Wichtigstes Zeichen Ihrer Willenskraft und Ihres Durchsetzungsvermögens in der Hand ist der Daumen. Wie im Kapitel »Die Finger« dargestellt, sind die wichtigen Faktoren des Daumens der Winkel, die Größe und der Ansatzpunkt. Je größer der Winkel zwischen Handfläche und Daumen, desto größer ist Ihre Entschlusskraft und Ihre Willensstärke. Je größer der Daumen, desto besser können Sie Aufgaben anpacken. Je tiefer der Ansatzpunkt gelegen ist, desto leichter fangen Sie mit einer Aufgabe an und führen sie zum Abschluss.

Schauen Sie sich nun die Färbungen in Ihrer Hand an. Wo ist die Handfläche rosarot (gesund) oder gar rot (gestaute Energie)? Wichtig ist, an welchen Stellen in der Hand diese Färbungen vorhanden sind und was sie bedeuten. Hier fließt Energie, an den roten Stellen sogar so viel, dass die Hand dort unter Druck ist. An welchen Abschnitten der Finger treten die Färbungen besonders stark hervor? Welche Berge in der Handfläche sind am stärksten rot oder rosarot gefärbt? Welche sind weiß (aufgebrauchte Energie), blau (Trauer) oder gelb (Selbstkritik)?

Ein weiterer Ort in Ihren Händen, der Ihnen die Frage nach der vorhandenen Energie beantwortet, sind die Berge. Schauen Sie, welche Berge voll und prall sind. Je nachdem ist zum Beispiel Kraft (Jupiter) vorhanden, Fantasie (Apollo, Mond) und/oder Mut (Mars).

Auch die feinen Linien, die Sie in Ihren Fingern und auf dem Daumenballen sehen, können Energiequellen (senkrecht) oder Hemmnisse (quer) anzeigen.

Nehmen Sie nun das Kapitel »Hilfe zur Selbstanalyse« zur Hand. Darin sind einige Eigenschaften aufgezählt und erklärt, wo in Ihrer Hand Sie die entsprechenden Zeichen finden. Überprüfen Sie die Eigenschaften, die Sie zur Erreichung Ihres Zieles besonders benötigen, und vergleichen Sie sie mit den Zeichen in Ihrer Hand.

Überlegen Sie weiter, was Ihnen leicht fällt und wo Sie mehr Mühe haben. Wenn Sie glauben, dass Ihre Liste vollständig sei, gehen Sie zum nächsten Schritt über, zur Erstellung einer Maßnahmenliste. Zu einer solchen Maßnahmenliste gehört die Beantwortung der folgenden drei Fragen:

- **Was** mache ich
- **bis wann,**
  und
- **welche Mittel** brauche ich dazu?

***Barbara*** *meldet sich nun zur Fortbildung als Masseurin an und beginnt gleichzeitig, nach einem geeigneten Raum in der nahen Stadt zu suchen.*

*Mit einer befreundeten Grafikerin entwickelt sie eine kleine Werbeplattform und nimmt sich vor, einen Internet-Auftritt gestalten zu lassen. Sie sollte sich auch Unterstützung für ihre Firmengründung suchen, weil sie nicht weiß, woran sie alles denken muss. Spätestens zum Beginn der Ausbildung will sie am neuen Standort die Arbeit aufnehmen, da diese berufsbegleitend gedacht ist.*

*Barbara weiß schon, dass es besonders schwierig sein wird, genügend Kunden für ihre Tätigkeit zu finden. Sie sieht ein, dass sie allein nicht genug Erfahrung hat und dass sie Hilfe dazu braucht, konkrete Maßnahmen zu planen.*

***Roland*** *und seine Familie nehmen sich eine Woche Zeit, um alle Vorteile und Nachteile abzuwägen. Sie kommen dabei gemeinsam zu dem Schluss, dass die Phase der Sicherheit noch etwas warten kann. Sie sind überzeugt, dass die Horizonterweiterung allen etwas bringt. Für Rolands Familie sind das Ziel und der Weg klar.*

*Zur Umsetzung stehen zuerst die Reiseplanung, dann die Einrichtung eines neuen Heims, Schulen usw. im Vordergrund. Dazu braucht es eine detaillierte Terminabsprache mit dem Arbeitgeber.*

*Für die Kinder müssen in China die geeigneten Schulen gefunden werden. Rolands Frau übernimmt die Aufgabe, ein neues Heim zu finden und einzurichten, weil Roland mit den geschäftlichen Vorbereitungen belastet ist.*

***Franz** hat viele Möglichkeiten. Er weiß, in welche Richtung seine Stärken und seine Chancen gehen. Er sucht sich eine praktische Arbeit, wo auch Kreativität gefragt ist.*

*Franz macht sich eine Liste seiner Freunde und Bekannten, die ihm unter Umständen helfen könnten, eine geeignete Arbeit zu finden. Er schaut in die Zeitung und schreibt sich Möglichkeiten heraus, die ihm interessant scheinen. Er nimmt jede Arbeit an, die ihm angeboten wird, weil er nicht weiß, was er will und was er nicht will. Ein Mal hilft er einem Kollegen, Boote für den Sommer instand zu setzen. Dann arbeitet er als Hilfsgärtner, später als Verkäufer in einem Fahrradladen. Er übernimmt eine Ferienvertretung als Hauswart, bei Freunden kocht er für eine Geburtstagsfeier. Er nimmt jede Gelegenheit wahr, neue Menschen und neue Aufgaben kennen zu lernen. So baut er sich langsam ein Netzwerk auf. Da er gute Arbeit leistet, bekommt er auch immer wieder neue Aufträge. Die Arbeit scheint sich mehr und mehr auf sein Kochtalent zu konzentrieren. Er wird zu Grill-Partys gerufen, weil dies seine besondere Spezialität ist. Er baut sich ein Netz von weiteren Hilfskräften auf, die ihm beim Tischdecken, beim Servieren und beim Aufräumen helfen. So scheint er auf dem besten Weg zu sein, einen Catering-Dienst aufzubauen, was ihm sehr viel Spaß macht. Seine Kreativität und Innovationsfreude kommen ihm dabei zu Hilfe, denn er wird immer mutiger und erfindet laufend neue Rezepte.*

*Er kann nicht alle Aufträge annehmen, denn er muss auf die Arbeitszeiten seiner Frau Rücksicht nehmen. Da ihr aber der Arbeitsplan einen Monat im Voraus bekannt ist, kann sich Franz mit seiner Arbeit anpassen.*

***Veronika** ist erleichtert. Sie sieht ihren Weg und weiß nun, welche Schritte sie einleiten sollte. Sie möchte auf eine Führungsposition hinarbeiten. Natürlich sollte ihr Ziel noch konkreter werden, aber sie hat erfasst, dass sie ihre Erfüllung in einer eigenen Tätigkeit finden und nicht versuchen sollte, diese auf einen Partner zu projizieren. Jetzt muss sie sich auf den Weg machen.*

*Veronika nimmt sich vor, sich drei Monate Zeit zu lassen, um über ihre neue Karriere nachzudenken und ihr Ziel zu konkretisieren.*

*Sie kommt noch in meine Praxis, und ich begleite sie auf ihrem Weg. Sie könnte mit einer Freundin zusammen eine Boutique eröffnen, oder sich eine neue Büroarbeit mit Führungsverantwortung und Aufstiegschancen suchen. Andere Möglichkeiten sind noch zu prüfen.*

***Barbara** braucht viel Unterstützung, um ihren Traum erfüllen zu können. Ihr schwacher Saturn könnte ihr hierbei ein Schnippchen schlagen, denn es ist nicht ihre Stärke, einmal begonnene Aufgaben auch zu Ende zu führen. Der Weg ist weit, da sie zuerst noch eine Ausbildung als Masseurin absolvieren sollte.*

***Roland** und seine Familie sind wohl sicher in China und stellen sich den Herausforderungen eines vollständig neuen Umfeldes. Die Entscheidung war bereits getroffen, die Umsetzung war nicht so schwierig, weil der Arbeitgeber dabei einen großen Teil der Aufgaben übernahm.*

***Franz** ist dabei, einen erfolgreichen Catering-Dienst aufzubauen. Seine praktische und organisatorische Ader sowie seine Kreativität kommen dabei voll zur Geltung. Da es eine selbständige Tätigkeit ist, kann er sie auch mit dem Arbeitsplan seiner Frau koordinieren. Die Voraussetzungen zum Erfolg scheinen mir gut zu sein.*

***Veronikas** starker Saturn leistet ihr auf ihrem Weg zu einer eigenständigen Tätigkeit gute Dienste. Welche Tätigkeit auch immer sie wählt, sie hat den ersten Schritt zur Annahme der Herausforderung ihres Jupiter-Selektors gemacht. Sie wird immer wieder mal in ihr altes Verhaltensmuster zurückfallen, ihrem Partner die Führungsaufgaben zu überlassen. Aber die Voraussetzungen sind gut, dass sie sich an ihre eigenen Fähigkeiten erinnert.*

*Das Problem, ob sie sich für Thomas oder Peter entscheiden solle, scheint Veronika nicht mehr dringend. Neue Gedanken, Ideen und Pläne erfüllen sie. Sie hat sich nämlich für sich selber entschieden. Das Dilemma bezüglich ihrer Partnerschaft wird sich in Veronikas Fall wie von selbst lösen, wenn sie ihren eigenen Weg klar bestimmt hat. Sie wird frei entscheiden können, welcher Partner charakterlich besser zu ihr passt, und dies nicht mehr aus einem Gefühl der Abhängigkeit heraus bestimmen müssen.*

# Grenzen der Selbstanalyse – professionelle Handanalyse

»Was ist anders bei einer professionellen Handanalyse als bei einer Selbstanalyse?«, werden Sie sich vielleicht im Laufe der Lektüre dieses Buches gefragt haben. Der wohl wichtigste Unterschied ist der, dass Sie mit Ihrer Analyse nicht allein sind. Sie haben einen erfahrenen, in Handanalyse geschulten Partner gegenüber, mit dem Sie im Gespräch Ihre Persönlichkeit und Ihre Probleme erörtern und nach Lösungen suchen können. Der Handanalyst weiß, wo er in Ihren Händen nach gewissen Eigenschaften suchen muss, um Ihre Fragen beantworten zu können. Er ist objektiv in seinen Betrachtungen, während Sie selber vielleicht nach Eigenschaften suchen, die Sie gerne sehen möchten, oder im Gegenteil solche nicht sehen können oder wollen, die Ihnen unangenehm sind.

Die Selbstanalyse der Hände kann immer nur eine Richtschnur zur Entscheidungsfindung sein. Da die Entwicklung der Persönlichkeit ständig fortschreitet, ist es auch nicht leicht zu erkennen, in welcher Phase eines Prozesses ein Mensch gerade steht. Bei der Selbstanalyse neigen wir Menschen auch immer wieder dazu, am gleichen »blinden Fleck« vorbeizuschauen und ihn nicht zu erkennen. Auch spielen bei der Handanalyse viele Faktoren ineinander, viele Linien sehen ähnlich aus und können nur im Zusammenhang mit anderen Faktoren in der Hand ein Gesamtbild ergeben.

Wie bereits erwähnt, habe ich nur die wichtigsten und häufigsten Linien und Zeichen in diesem Buch dargestellt. Ein professioneller Handanalyst kann aufgrund seiner Erfahrung und seiner Ausbildung Linien und Zeichen in Ihren Händen deuten, die ich hier nicht beschrieben habe. Kennt er ein Zeichen nicht aus der Praxis, wird er prüfen, wo in der Hand es sich befindet und sich auf seine Erfahrung und seine Intuition verlassen, um es in das Gesamtbild der Hand einzubauen. Er ist auch geschult in der Kunst der »Verwebung« der verschiedenen Elemente in Ihrer Hand, um dadurch zu einem Gesamtbild Ihrer Persönlichkeit und der für Sie wichtigsten Gesichtspunkte zu kommen. Wenn Sie dies in Selbstanalyse tun, ist es oft nicht leicht, die Ungereimtheiten unter einen Hut zu bringen.

Die meisten Handanalysten bilden sich laufend weiter, tauschen mit Kollegen Erfahrungen und Erkenntnisse aus und lernen, neue Zeichen und Linien zu deuten. Einsichten in der Handanalyse basieren auf empirischen Studien und werden im International Institute of Handanalysis von Richard und Alana Unger zusammengetragen.

Eine Stunde mit einem Handanalysten beginnt damit, dass er von Ihren Händen mit abwaschbarer Tinte Abdrücke auf Papier macht. Ist er ein Handanalyst der IIHA-Schule, wird er eine Analyse Ihrer Fingerabdrücke machen, um nach Richard Unger Ihre Schule, Ihren Lebenszweck und Ihre Lebenslektion zu eruieren. Eine seriöse, professionelle Analyse Ihrer LifePrints© erfordert Erfahrung und Schulung, da die Identifikation der Fingerabdrücke für einen Laien nicht immer eindeutig ist.

Danach wird er mit Ihnen sprechen und Sie nach dem Grund Ihres Besuches fragen. Er wird Ihre Hände und die Handabdrücke anschauen und die Faktoren zu einem Gesamtbild zusammenfügen, die zu dem Thema passen, das Ihnen am meisten unter den Fingernägeln brennt.

Bei einer einmaligen Analyse wird der Handanalyst auf Ihren Grundtyp, Ihre Begabungen und Herausforderungen eingehen und mit Ihnen zusammen eine Standortbestimmung vornehmen. Der Handanalyst wird Ihnen eine »Hausaufgabe« geben, damit Sie die ersten sanften Schritte zu gewünschten Veränderungen und/oder zur Entscheidungsfindung tun können. Eine solche Analyse dauert in der Regel ein bis zwei Stunden.

Wenn Sie es wünschen, kann etwa einen Monat später ein zweites Gespräch Klärung von inzwischen aufgetauchten Fragen bringen. Eine Vertiefung der angesprochenen Themen und eine Überprüfung des eingeschlagenen Weges gehören auch zu diesem zweiten Gespräch.

Der Handanalyst wird im Gespräch mit Ihnen Ihre Stärken und Schwächen ergründen. Er wird Sie nach Ihrem Umfeld fragen und die Beurteilung von Chancen und Risiken zu einem Gesamtbild zusammenfügen. Dann werden Sie zusammen mit ihm Ziele definieren und Teilziele sowie erste Maßnahmen festlegen. Damit werden Sie ein objektiveres Bild von sich, Ihrem Umfeld und Ihren Möglichkeiten gewonnen haben, als Sie es in einer Selbstanalyse gekonnt hätten.

Entscheidungen kann Ihnen der Handanalyst nicht abnehmen, denn trotz eingehender Besprechung kennen nur Sie alle Vorteile und Nachteile der möglichen Lösungen. Er wird Sie aber an einen Punkt führen, von dem aus Sie möglichst gut dazu gerüstet sind, Ihre eigenen Entscheidungen zu treffen.

Wie Sie bereits wissen, nützen Planung und Zielsetzung nichts, wenn Sie nicht auch bereit sind, deren Umsetzung zu vollziehen. Der Handanalyst kann Sie in dieser schwierigen Phase ermuntern und Ihnen Mut machen. Er kann mit objektiven Beobachtungen Ihre unter Umständen erlahmende Kraft neu entfachen. Er kann Ihnen helfen, auftauchende Probleme zu analysieren und Lösungen zu formulieren. Wenn aufgrund veränderter Umstände neue Ziele ins Auge gefasst werden sollten, kann er Sie bei deren Analyse unterstützen.

Ein halbes bis ein Jahr nach der zweiten Besprechung kann der Handanalyst bereits Veränderungen in den Linien Ihrer Hand feststellen, die auf Wandlung und Entwicklung hinweisen. Er wird einen neuen Handabdruck machen, um die Veränderungen sichtbar zu machen. Eine neue Standortbestimmung wird vorgenommen sowie die Teilziele und Maßnahmen überprüft und unter Umständen den veränderten Bedingungen angepasst.

In Lebenskrisen fungiert er als Lebensberater und Begleiter, der Ihnen hilft, den Boden unter den Füßen nicht zu verlieren und auf die Umsetzung Ihrer gesetzten Ziele hinzuarbeiten. Weitere Stunden wird er so gestalten, dass er sich im Einklang mit Ihren Wünschen ein Ziel für ihre Gespräche setzt. Das kann eine Entscheidung und deren Umsetzung oder das Erreichen eines Zieles bedeuten.

Ob Sie nun Ihre Hände selber analysieren oder sich von einem professionellen Handanalysten bei der Analyse helfen lassen, das Wichtigste, das Ihnen dieses Buch vermitteln möchte, ist der Weg zur Selbsterkenntnis. Eine Herausforderung erkannt zu haben und sie als einen Teil seiner selbst anzunehmen, ist ein Kunststück, das Applaus und Anerkennung verdient. Mit schwierigen Voraussetzungen umgehen zu lernen, kann schon fast als Meisterleistung gelten. Es sind nicht nur die sichtbaren Fortschritte oder Leistungen, auf die Sie stolz sein können. Meist sind es die eigenen, stillen, inneren Entwicklungen, die einem selber Befriedigung und Glück im Leben bringen.

# Nachwort und Dank

Meine letzte kürzlich getroffene Entscheidung war die, dieses Buch zu schreiben. Wie ist es dazu gekommen?

Meine Freundin, *Ursula Scharenac*, hatte mir bereits vor vielen Jahren von Richard Unger und seinen zutreffenden Handanalysen erzählt. Ich war jedoch noch nicht bereit dazu, ihn aufzusuchen. Aber eines Tages schrieb mir meine amerikanische Freundin, *Jenny Houston* aus Marin County, Kalifornien, dass sie ein bewegendes Erlebnis gehabt habe. Ein Handanalyst – *Richard Unger* – habe ihr aus der Hand gelesen und ihre Stärken und Herausforderungen in wenigen Sätzen klar vor Augen geführt. Da ich fest daran glaube, dass solche »Zufälle« Aufforderungen sind, etwas zu unternehmen, meldete ich mich bei der ersten Gelegenheit bei Richard Unger für eine Handanalyse an. Der »Zufall« wollte es, dass er zwei Wochen später für einen seiner zweimal jährlichen Besuche in Zürich weilte.

Richard las Dinge aus meiner Hand, die mich in ihrer Klarheit und Eindeutigkeit überraschten, bestätigten und aufrüttelten. Diese Kunst wollte ich lernen. Ich meldete mich für seinen Einführungskurs an, und danach für einen Jahreskurs bei seiner Frau *Alana Unger* in San Rafael, Marin County, Kalifornien. Damals gab es diese Kurse noch nicht in Europa, und ich hatte gerade mit einem Lebensabschnitt abgeschlossen und war auf der Suche nach neuen Herausforderungen im Leben. Als Tutorin gab Alana mir *Ronelle Coburn* zur Seite, die mich heute noch begleitet und unterstützt.

Als Alana zwei Jahre später den Jahreskurs in Zürich gab, wiederholte ich den Kurs, um meine theoretischen Kenntnisse zu festigen. Den Kurs habe ich mit einer Gruppe von engagierten Handanalysten absolviert, mit denen ich nun regelmäßig zusammenkomme, um Fallstudien auszutauschen und die Theorie aufzufrischen. Ihnen danke ich für die freundschaftliche Atmosphäre ohne Konkurrenzdenken und für ihre Unterstützung in allen Lebenslagen.

Nach dem Jahreskurs bei Alana eröffnete ich meine Praxis für Handanalyse in Zürich und gab Kurse im Berner Oberland. Als Ziel hatte ich mir gesetzt, meine Kurstätigkeit auszubauen. Ich konzentrierte mich zuerst noch auf den Umzug meiner Praxis und überlegte mir, welche Maßnahmen ich treffen sollte, um mein Wissen über Handanalyse an eine breitere Öffentlichkeit weiterzugeben.

Ich befand mich in einer Phase der abwartenden Aufmerksamkeit. Ich hatte alles in die Wege geleitet, wusste jedoch noch nicht, wie ich es im Detail bewerkstelligen sollte, die Kurse erfolgreich anzubieten. Ich saß also ruhig am Fluss des Lebens, als der Heinrich Hugendubel Verlag anrief und mich fragte, ob ich ein Buch über Handanalyse schreiben wolle.

Ohne Hilfe von vielen Seiten hätte dieses Buch nicht so zufriedenstellend fertig gestellt werden können. *Kurt Burkhardt*, *Thomas Geiges* und *Winfried Popp* haben bei den Vorbereitungen mit Ratschlägen, Erfahrungen und Unterlagen Wesentliches beigetragen. *Maurice Ettlin* und *Laurenz Zellweger* von *villotti LUNIK GMBH, Identität und Kommunikation, Zürich,* haben mit Professionalität und Einfühlungsvermögen die Grafiken erstellt, die dieses Buch illustrieren. *Ursula Scharenac* und *Regine Wissler* haben geholfen, Unlogik, Wiederholungen und unverständliche Passagen zu beseitigen. *Birgit Groll,* meine verständnisvolle Redakteurin, brachte das Ganze in eine grammatikalisch korrekte und lesbare Form. *Pamelah Tablak,* Master Hand Analyst, und *Larry Rodrigues,* die beide Bücher über die Handanalyse in englischer Sprache im Internet anbieten, möchte ich für das

Material danken, das sie mir uneigennützig zur Verfügung gestellt haben.

Auch allen meinen Klientinnen und Klienten, die mich an ihrem Leben teilhaben lassen und durch ihr Vertrauen und ihre Aufgeschlossenheit neue Impulse für mein eigenes Leben liefern, möchte ich danken.

Nachträglich bin ich nicht erstaunt, dass ich ein Buch über Handanalyse geschrieben habe. Wenn ich in meine Hände schaue, wird mir klar, wieso ich diese Entscheidung getroffen habe:

- Auf meinem energiegeladenen Mond-Berg prangt wie ein Fingerabdruck ein großer Wirbel. Er ist ein Zeichen, das ich wegen seiner Seltenheit nicht in diesem Buch behandelt habe. Er ist das Zeichen für einen potenzierten Mond-Stern, der bei mir mitten auf dem Mond-Berg liegt und somit eine praktische Intuition symbolisiert, die sich im Alltag manifestiert.
- Mein oberer Merkur-Abschnitt weist die im Kapitel über Begabungszeichen beschriebenen Genielinien auf, die bezeugen, dass ich mit Schreiben (oder Reden) einem größeren Publikum eine Botschaft überbringen soll.
- Auf meinem Merkur-Berg sind Heilerlinien gezeichnet, die aufzeigen, dass es meine Aufgabe ist, anderen Menschen zuzuhören und ihnen durch Rat Lebensweisheit zu vermitteln.

Auf die Idee, ein Buch zu schreiben, bin ich selber auch gekommen, nur habe ich den Gedanken verworfen, als ich eine Analyse meiner Stärken und Schwächen unternahm. Ich traute es mir nicht zu. Wenn der »Zufall« nicht eingegriffen hätten, hätte ich nie erfahren, wie viel Spaß mir das Schreiben macht.

Ihnen, liebe Leserinnen und Leser, hoffe ich mit diesem Buch auch einige Anregungen gegeben und den Weg auf der faszinierenden Entdeckungsreise zu sich selbst eröffnet zu haben.

# Literaturverzeichnis

Benham, Wm. G.: »The Benham Book of Palmistry«, Newcastle Publishing Co. Inc., North Hollywood, CA, 1988

Cheiro the Palmist: »Palmistry (Classic Original Edition, 1894)«, Gramercy Books, New York, N. Y., 1999

Hürlimann, Gertrud I.: »Handlesen«, Oesch Verlag, 2002

Rodrigues, Larry, M.S.: »It's All in Your Hands (Hand Analysis Guidebook to Self-Understanding)«, EastWest Institute for Self-Understanding, Sacramento, CA. 1999.
www.handanalysis.com

Tablak, Pamelah: Master Hand Analyst, »Gift Markings«, The Hands Company, Published by The Hands On Company, Palm Desert, CA 92260, 2005.
www.HandsOnCompany.com

Tablak, Pamelah: Master Hand Analyst, »Your Heart is In Your Hands«, The Hands Company, Published by The Hands On Company, Palm Desert, CA 92260, 2005.
www.HandsOnCompany.com

Unger Alana (Associate Director, IIHA – International Institute of Hand Analysis, Tiburon, CA.): Seminar-Unterlagen.
www.handanalysis.net

Unger, Richard (Director, IIHA – International Institute of Hand Analysis, Tiburon, CA.): Seminar-Unterlagen und Tonbänder.
www.handanalysis.net

# Glossar

**Affenfalte:** Linie, die Herzlinie und Kopflinie kombiniert und quer in der Mitte der Hand verläuft
**Ambivalenz:** Zwiespältigkeit
**Angriffslinien:** Linien, die vom Mars-Berg aus zu anderen Teilen der Hand verlaufen, auch Herausforderungs- oder Gelegenheitslinien genannt
**Apollo:** Römischer Gott der Weissagungen (Orakel), Künste, Medizin
**Apollofinger:** Ringfinger
**Apollo-Berg:** Zone unter dem Ringfinger oberhalb der Herzlinie
**Apollo-Gitter:** Verwirrung in Bezug auf Kreativität, Selbst-Ausdruck, Anerkennung, Freude
**Apollolinie:** Kreativität
**Apollo-Schachtel:** Eingeengte Kreativität
**Apollo-Selektor:** Wahl eines kreativen Partners
**Apollo-Stern:** Höchstes Zeichen für Kreativität

**Begabungszeichen:** Ein besonderes Potenzial an Begabung
**Berge:** Zonen der Hand
**Bogen:** Ein Grundtyp von Fingerabdrücken
**Brainstorming:** Sammlung von Ideen in einer Gruppe zur gemeinsamen Problembewältigung
**Burnout-Syndrom:** Erschöpfungsdepression, ständige Müdigkeit und Erschöpfung

**Chirognomie:** Die Lehre der Handformen

**Chirologie:** Die Lehre der Persönlichkeitsanalyse aus den Händen
**Chiromantie oder Chiromantik:** Die Wahrsagerei aus den Händen

**Daumen-Ansatzpunkt:** Das unterste Daumengelenk
**Daumen-Größe:** Die Länge des Daumens vom Ansatzpunkt bis zur Spitze
**Daumen-Winkel:** Wenn der Daumen im Vergleich zum Zeigefinger waagrecht steht, ist der Daumen-Winkel groß.
**Dermatoglyphen:** Rillen, Leistenhaut der Hände und Finger sowie der Fußsohlen, Fingerabdrücke
**Dschungeltest:** Test zur Ermittlung des dominanten Fingers

**Fluchtlinien:** Merkurlinien, die quer zur Hand verlaufen und jemandem gehören, der sein Bewusstsein erkundet

**Gelegenheitslinien:** Linien, die vom Mars-Berg aus zu anderen Teilen der Hand verlaufen, auch Herausforderungs- oder Angriffslinien genannt
**Genielinien:** Feine senkrechte Linien auf dem oberen Merkurfinger-Abschnitt, die aufzeigen, dass der Eigner fähig ist, komplexe Ideen auf einfache Art zu vermitteln. Ein begabter Autor oder Redner.

**Handanalyse:** Persönlichkeitsanalyse aufgrund von Formen, Linien, Farben usw. der Hände
**Handlesen:** Analyse und Wahrsagerei aus den Händen
**Heilerlinien:** Mindestens vier parallele kleine senkrechte Linien auf dem Merkur-Berg. Die Begabung, auf jede Art anderen Menschen zuzuhören und/oder ihnen durch Berührung oder Rat Lebensweisheit zu vermitteln.
**Herausforderungslinien:** Linien, die vom Mars-Berg aus zu anderen Teilen der Hand verlaufen, auch Gelegenheits- oder Angriffslinien genannt

**Herzlinie:** Hauptlinie in der Hand, die quer zur Handfläche am nächsten bei den Fingern liegt und Art der Beziehungen aufzeigt

**IIHA:** International Institute of Hand Analysis, Tiburon, CA., U.S.A.

**International Institute of Hand Analysis:** Schule für Handanalyse von Alana und Richard Unger

**Jupiter:** Oberster römischer Gott, Herr über Blitz und Donner

**Jupiterfinger:** Zeigefinger

**Jupiter-Berg:** Zone unter dem Zeigefinger oberhalb der Herzlinie

**Jupiter-Gitter:** Verwirrung in Bezug auf Ehrgeiz, persönliche Kraft, Autorität, Führungsverhalten

**Jupiterlinie:** Ehrgeiz und Motivation

**Jupiter-Schachtel:** Eingesperrte Ideale

**Jupiter-Selektor:** Wahl eines autoritären, stolzen, ehrgeizigen Partners

**Jupiter-Stern:** Der Klassensprecher, der Erfolgstyp

**Karrierelinie:** Linie, die unter dem Mittelfinger endet. Sicherheit, Zuverlässigkeit, Verantwortungsgefühl

**Klarsichtigkeitslinie:** Einsicht, Lebens-Coach

**Kleiner Finger:** Merkur

**Kopflinie:** Hauptlinie, die quer zur Handfläche in der Mitte der Hand verläuft und die Art des Denkens aufzeigt

**Lebenslektion:** Größte Herausforderung im Leben, »blinder Fleck«

**Lebenslinie:** Hauptlinie, die im Bogen um den Daumenballen herum verläuft und die Verwurzelung, Beziehung zur Familie aufzeigt

**Lebensschule:** Grundeinstellung zum Leben

**Lebenszweck:** Treibende Kraft im Leben, richtige Aufgabe

**Leistenhaut:** Haut an den Händen, Fingern und Fuß-

sohlen, die kleine parallel verlaufende Rillen aufweist und sich nie verändert
**LifePrints©:** Von Richard Unger entwickeltes Bewertungssystem, um Lebensschule, Lebenszweck und Lebenslektion zu bestimmen

**Mars:** Römischer Gott des Krieges
**Mars-Berg:** Obere Zone zwischen Lebenslinie und Daumen
**Mars-Gitter:** Verwirrung in Bezug auf Kampflust, Aggressivität, Aktivität, Mut
**Mars-Selektor:** Wahl eines mutigen Partners
**Mars-Stern:** Außergewöhnlicher Mut und Kampfbereitschaft
**Medizinische Handanalyse:** Handanalyse zur Untersuchung von Krankheiten
**Merkur:** Römischer Gott der Händler, Götterbote
**Merkurfinger:** Kleiner Finger
**Merkur-Berg:** Zone unter kleinem Finger oberhalb der Herzlinie
**Merkur-Gitter:** Verwirrung mit Beziehungen, Kommunikation und Intimität
**Merkurlinie:** Kommunikation, Innere Stimme, Einsicht
**Merkur-Stern:** Einfallsreichtum, Genialität, Scharfsinn und Klugheit
**Midas-Stern:** Reichtum
**Mischtypen:** Keine eindeutige Zuordnung zu einem einzigen Typ, Mischung aus verschiedenen Eigenschaften
**Mittelfinger:** Saturn
**Mittlerer Apollo:** Design, Schönheit, äußeres Erscheinungsbild
**Mittlerer Jupiter:** Prioritäten, Zielsetzung, Statussymbole
**Mittlerer Merkur:** Verhandlungsgeschick, Strategien
**Mittlerer Saturn:** Materielle Sicherheit
**Mond, Mond-Berg:** Zone am äußeren Teil der Handfläche, die Intuition und Fantasie symbolisiert

**Mond-Gitter:** Verwirrung mit Fantasie und Intuition, eine Sinnkrise
**Mond-Stern:** Plötzliche Eingebungen von Erkenntnissen

**Neptun:** Römischer Gott des Meeres
**Neptun-Berg:** Zone in der Mitte der Hand an der Handwurzel
**Neptun-Stern:** Einfühlungsvermögen für die Notleidenden und tiefgründiges Verständnis für alle menschlichen Lebenssituationen

**Oberer Apollo:** Kritisches Auge, kreative Konzepte
**Oberer Jupiter:** Hohe Ideale, das Höhere Selbst
**Oberer Merkur:** Eloquenz, Brainstorming
**Oberer Saturn:** Alte Weisheiten, Zwanghaftigkeit, Pessimismus

**Partnerwahllinien:** Suche nach einem Partner, auf den Eigenschaften projiziert werden, die man nicht selber ausleben will oder kann
**Persephonelinie:** Tiefe intuitive Weisheit, viel Kreativität, Fantasie und Intuition, aber auch Depression
**Pluto:** Römischer Gott der Totenwelt
**Pluto-Berg:** Zone an der äußeren Handfläche zwischen Mond und dem Merkur-Berg

**Reines Herz:** Der Menschenfreund
**Ringfinger:** Apollo

**Salomon-Ring:** Ring um den Jupiter, Weisheit, Röntgenblick
**Saturn:** Römischer Gott des Ackerbaus
**Saturnfinger:** Mittelfinger
**Saturn-Berg:** Zone unter dem Saturnfinger oberhalb der Herzlinie
**Saturn-Gitter:** Verwirrung in Bezug auf Verantwortung, mit der Fertigstellung von Aufgaben, Selbstwert und Sicherheit

**Saturnlinie:** Karrierelinie, Linie der Zielfindung über eine gewisse Zeit

**Saturn-Schachtel:** Knappheit an Ressourcen. Man hat nicht genug Energie, um etwas zu planen, oder man hat zu wenig Kraft, um die täglichen Aufgaben zu bewältigen.

**Saturn-Stern:** Wie Midas-Stern: Reichtum

**Schleife:** Ein Grundtyp von Fingerabdrücken

**Simianlinie, Affenfalte:** Linie, die Herzlinie und Kopflinie kombiniert und quer in der Mitte der Hand verläuft

**Simianfalte:** Wie Simianlinie: Linie, die Herzlinie und Kopflinie kombiniert und quer in der Mitte der Hand verläuft

**Stern der Weisheit:** Ein begabter Seher

**Sterne:** Sterne mit sechs Zacken, die aus drei Linien bestehen, die einen gemeinsamen Mittelpunkt haben.

**Super-Computer:** Kopflinie, die lang und gerade über die ganze Handfläche läuft und kurz vor der Handkante aufhört. Tintenfisch-Gehirn

**Unger Alana:** Associate Director IIHA

**Unger Richard:** Gründer und Director IIHA

**Unterer Apollo:** Gesellschaftlicher Umgang

**Unterer Jupiter:** Territorium, Konfrontation

**Unterer Merkur:** Sexualität, Intimität

**Unterer Saturn:** Moral, Ethik, Verwurzelung

**Venus:** Römische Göttin der Vegetation und des Frühlings, später auch der Liebe und Schönheit.

**Venus-Berg:** Zone des Daumenballens

**Venus-Gitter:** Verwirrung in Bezug auf Liebe, Maßlosigkeit, Mitgefühl und Anteilnahme

**Venus-Gürtel:** Meist um Ansätze von Jupiter und Saturn. Sensibilität und Fantasie, Schutzwall gegen zu starke Gefühle.

**Venus-Stern:** Sinnesfreude, Sexualität, verletztes Kind

**Wahrsagerisches Handlesen:** Die Zukunft aus den Händen lesen
**Wirbel:** Ein Grundtyp von Fingerabdrücken
**Wunschüberlagerungsstern:** Stern am Ende der Kopflinie, die eigenen Wünsche werden überschattet und den Wünschen anderer untergeordnet, erkennt nicht, was er will.

**Zeigefinger:** Jupiter
**Zeltpalast:** Mittlerer Jupiter hat die Form eines Trapezes: Yacht oder Floß?
**Zeltstange:** Ein Grundtyp von Fingerabdrücken

# Register

Renato Mihalic
Das Geheimnis der Mujas
Meditationen für ein neues Bewusstsein
Allegria